기독교문서선교회 (Christian Literature Center: 약칭 CLC)는 1941년 영국 콜체스터에서 켄 아담스에 의해 시작되었으며 국제 본부는 미국 필라델피아에 있습니다. 국제 CLC는 59개 나라에서 180개의 본부를 두고, 약 650여 명의 선교사들이 이동도서차량 40대를 이용하여 문서 보급에 힘쓰고 있으며 이메일 주문을 통해 130여 국으로 책을 공급하고 있습니다. 한국 CLC는 청교도적 복음주의 신학과 신앙서적을 출판하는 문서선교기관으로서, 한 영혼이라도 구원되길 소망하면서 주님이 오시는 그날까지 최선을 다할 것입니다.

율법의 닻줄을 끊어 버리고

더 깊은 은혜의 바다로

책을 집필하도록 마음을 감동시켜 주시고,
지혜와 계시의 영으로 기름 부어 주신
성삼위 하나님에게 이 책을 올려 드립니다.

Deeper into the Sea of Grace
Written by SimBok Kim
All rights reserved.
Korean Edition Copyright ⓒ 2023 by Christian Literature Center, Seoul, Korea

율법의 닻줄을 끊어 버리고

더 깊은 은혜의 바다로

2023년 3월 31일 초판 발행

지 은 이　|　김심복

편　　 집　|　도전욱
디 자 인　|　박성숙
펴 낸 곳　|　(사)기독교문서선교회
등　　 록　|　제16-25호(1980.1.18.)
주　　 소　|　서울특별시 동대문구 천호대로71길 39
전　　 화　|　02-586-8761~3(본사) 031-942-8761(영업부)
팩　　 스　|　02-523-0131(본사) 031-942-8763(영업부)
이 메 일　|　clckor@gmail.com
홈페이지　|　www.clcbook.com
송금계좌　|　기업은행 073-000308-04-020 (사)기독교문서선교회
일련번호　|　2023-28

ISBN 978-89-341-2535-8(03230)

이 책의 출판권은 (사)기독교문서선교회가 소유합니다.
신저작권법에 의하여 한국 내에서 보호를 받는 저작물이므로 무단 전재와
무단 복제를 금합니다.

율법의 닻줄을 끊어 버리고

더 깊은 은혜의 바다로

김 심 복 지음

CLC

목차

프롤로그 ... 8

제1부 율법의 닻줄을 끊어 버리고 ... 16

제1장 안식일의 본질을 명확히 알자 ... 17
1. 주일은 안식일과 전혀 다르다 ... 19
2. 우리에게는 새 계명이다 ... 28

제2장 율법, 완성인가 폐지인가 ... 36
1. 율법에 대한 바울의 견해 ... 38
2. 율법에 대한 예수님의 입장 ... 43
3. 완성과 폐지의 통합 ... 53
4. 새 언약과 안식일 ... 55
5. 새 언약과 십일조 ... 65

제3장 율법의 기능과 믿음으로 말미암는 의 ... 76
1. 이스라엘에게 왜 율법을 주셨는가 ... 77
2. 율법의 유익은 무엇인가 ... 85
3. 믿음으로 말미암는 의 ... 89

제4장 이스라엘의 실패가 우리에게 주는 교훈 ... 97

제2부 은혜의 바다로 나아가자 — 127

제1장 내부의 적을 분별하자 — 128
  1. 율법주의와 종교의 영 — 128
  2. 종교의 영의 근원과 정체 — 134
  3. 유대인과 종교의 영 — 146
  4. 위선을 경계하라 — 150

제2장 자기 의의 함정에서 벗어나라 — 171
  1. 자기 의로 난 행위는 불법이다 — 171
  2. 자기 의의 사람은 하나님보다 일을 사랑한다 — 175
  3. 자기 의가 부서져야 은혜를 입는다 — 180

제3장 이기는 자를 위한 제언 — 187
  1. 낮아지라 — 188
  2. 진리의 깃발 아래 하나가 되라 — 193
  3. 아버지의 본심을 알라 — 202
  4. 영의 양식을 먹으라 — 213
  5. 기름 부음을 충만히 받으라 — 224
  6. 처음 사랑을 회복하라 — 237
  7. 영적 예배자가 되라 — 254
  8. 준비하고 깨어 있으라 — 267

에필로그 — 276

프롤로그

광야의 끝자락에서
김 심 복

얼마 전 새벽 기도 시간에 '엘리야의 영성을 달라'고 주께 간절히 기도하고 있었는데, 순간 예수님이 저에게 이렇게 물으셨습니다.

너는 엘리야의 능력을 원하느냐?
아니면 그의 하나님과의 동행을 원하느냐?

솔직히 그때까지 제가 구하고 있었던 것은 엘리야의 능력은 물론 그에 더하여 엘리사의 영감이었습니다. 왜냐하면, 앞으로의 사역을 위해서 그것이 절실히 필요하다고 생각했기 때문입니다.

그런데 주님으로부터 질문을 받는 순간 "아차, 또 실수하고 있구나!"라고 깨달아져서 얼른 이렇게 대답했습니다.

> 주님, 제가 또 잘못했습니다. 능력이 아니라 주님과의 온전한 동행을 원합니다. 하나님과 동행하다가 죽지 않고 들림 받은 엘리야 선지자처럼, 저도 주님이 신부들을 맞이하러 구름 타고 오시는 날 꼭 들림 받기를 원합니다. 미련한 저를 도와주세요.

저는 이런 글을 쓸 자격이 없습니다. 하나님 앞에서 또 동료 사역자들 앞에 이 책을 내놓기가 두렵습니다. 저 역시도 아직 많이 덜된, 갈 길이 먼 사람이기 때문입니다. 그런데도 이 부족한 자를 소리로 사용하기 원하시는 주께 순종하는 마음으로 저를 내어드립니다.

예수님이 오셔서 율법을 완성하시고, 이 땅에 그리스도의 통치가 시작된 지 이미 두 번의 천년이 지났고, 또 세상은 갈수록 빠르게 변화하고 있습니다. 그에 따라 원수 마귀의 궤계도 더욱 교묘하고 교활해졌습니다.

거기에 비해 오늘날 저와 여러분의 모습은 어떻습니까?

성경 시대보다 더 나은 영성으로 복음의 능력을 풍성히 경험하고 있습니까?

아니면 성경의 문자에 갇혀서 은혜의 복음을 충분히 누리지 못하고 있습니까?

우리는 모두 신·구약 성경 66권을 하나님이 우리에게 주신 '완성된 계시의 책'으로 믿고 고백하며, 성경을 신앙의 교과서로 삼고 있습니다. 이에 대해서는 아무도 이의를 제기하지 않을 것입니다. 그런데 좀 더 숙고해 봐야 할 것들이 있습니다.

그중 하나는, 성경이 오늘날 우리에게 완결판으로 주어졌지만 그 안의 계시는 시간의 흐름에 따라 점진적으로 풀어지고 있다는 점입니다. 어떤 계시들은 오랫동안 봉해져 있었고, 어떤 것들은 이미 풀어졌으며, 또 계속 풀어지고 있습니다. 그것이 한 개인에게는 그의 영적인 성장 속도에 따라 다르겠지만, 하나님이 전체 몸 된 교회 공동체에게 풀어주시는 계시들은 시대에 따라 적합하게 열릴 것입니다.

그런데 우리가 계시는 성경의 완성과 함께 다 끝난 것으로 생각하며, 성경을 표면적이고 문자적으로만 해석하려 고집한다면, 우리도 예수님을 거절했던 유대인들과 다를 바 없는 비참한 결과를 얻게 될 것입니다.

때를 따라 계시를 풀어주시는 분은 성령님입니다. 그러므로 하나님 앞에서는 우리가 가지고 있는 선입견이나 고정 관념을 언제라도 버릴 수 있도록 생각의 유연성을 유지할 필요가 있습니다.

또 다른 하나는 성경을 연구하는 방식에 대한 것입니다. 앞서 나온 책 『하늘 사다리』에서 밝혔듯이 통전적 연구 방법은 우리가 성경을 통해 하나님의 뜻을 이해하는 데 매우 중요한 시각을 제공합니다. 그동안 몸 된 교회가 구원론이나 하나님의 나라에 대한 교리 등 중요한 의제들에 대해 해석의 오류를 빚어온 것은 통전적인 시각이 부족했기 때문입니다.

어떤 주제에 대해 성경 전체의 흐름을 이해하지 않은 채, 몇몇 구절만 가지고 중요한 진리를 규명해 내려고 하는 것은 마치 장님이 코끼리 다리를 만져보고 '코끼리 모양은 기둥이야'라고 고집하는 것과 같습니다. 말씀 앞에서 고집부리는 것은 사신 우상에게 절하는 죄와 같습니다(삼상 15:23).

이것은 매우 심각하고도 무서운 죄이지만, 많은 경우 우리가 이것을 인식조차 하지 못하니 참으로 두려운 일입니다.

글을 쓰는 동안, 이 시대에 적합한 메시지가 풀어지기를 계속 기도하며 성령님께 도우심을 구했습니다. 작업하는 순간순간 계시가 풀어지는 경험을 자주 했는데, 이것은 제가 글쓰기를 좋아하는 이유이기도 합니다.

이번 책에서는 아리송한 '믿음과 행함의 관계'에 대해 마음만 열면, 누구나 쉽게 이해할 수 있도록 명확하게 규명해 보고, 우리를 혼란스럽게 하고 있는 아래와 같은 우리 내부의 질문들에 대해서도 성경적으로 다루고자 합니다.

성경에 안식일을 구별하여 거룩히 지키라고 했는데 그리스도인은 왜 안식일을 지키지 않고 일요일에 예배를 드리는가?
예수님은 율법이나 선지자를 폐하려 하신 것이 아니라 완전하게 하려 하셨고, 또 천지가 없어지기 전에는 율법의 일점일획도 결코 없어지지 아니하고 다 이루리라고 하셨는데, 왜 우리 그리스도인은 율법을 지키지 않는가?
한쪽에서는 십일조를 해야 한다고 말하고 또 다른 쪽에서는 그리스도인은 십일조를 할 필요가 없다고 하는데, 무엇이 성경적으로 옳은가?

율법주의는 우리 그리스도인의 삶에 어떠한 방식으로 영향을 미치고 있는가?
하나님의 나라(통치)는 개인의 마음에만 있는가?
아니면 가정과 지역 사회와 국가와 온 피조물에게 임하는가?

또 최근에 많이 회자되는 주제로 이런 질문들이 있습니다.

로마서에서 각 사람은 위에 있는 권세들에 복종하라 하였으니, 교회는 그것이 선한 것이든, 불의한 것이든 정부의 모든 정책에 복종해야 하는가?
아니면 사회 정의를 위해 일어서서 불의에 저항해야 하는가?

이러한 논제들은 성경의 한두 구절만 가지고 풀어낼 수 있는 단순한 것이 아닙니다. 성도들은 이에 대해 각자 자신이 옳다고 여기는 견해들을 가지고 있겠지만, 이것은 온 성도가 당면한 매우 중요한 것들이기에, 주의 몸 된 교회가 공동으로 풀어야 할 과제라고 생각합니다.

예루살렘 공회에서 '이방인과 율법에 대한 문제'를 다루었던 것처럼, 이제 우리 지도자들도 성경적으로 명확하면서도 공통된 대답을 마련해야 합니다.

이런 것들이 분명하게 해결되지 않으면 많은 영혼을 잃게 될 것은 물론, 앞으로 한국 교회는 더욱 분열되어 서로 옳다고 다투게 될 것이며, 원수 마귀는 그것을 보고 손뼉을 치며 좋아할 것입니다.

이 책은 제1부와 제2부로 나누어 구성되었습니다.

제1부에서는 '율법의 닻줄을 끊어 버리고'라는 주제로 위에서 제시한 논제들을 다루며, 율법의 본질에 대해 모두가 납득하기 쉽게 기술하고자 했습니다.

제2부에서는 '은혜의 바다로 나아가자'라는 주제를 통해, 오늘날 우리 개인과 공동체의 성장을 가로막고 있는 율법주의로 파생된 문제들을 살펴보고, 우리 스스로의 신앙을 점검하여 한 단계 도약하는 계기를 만들어 보고자 했습니다.

또 곳곳에 해당 진리에 대한 저의 개인적인 실패와 성장의 경험을 삽입하여 독자 여러분의 이해를 돕고자 하였으니 너그러운 마음으로 받아주기 바랍니다.

우리가 먼 길을 여행할 때는 어디까지 갈 것인지, 그 목표를 정하고, 또 어떻게 갈 것인가에 대한 계획을 세우고 길을 떠날 필요가 있습니다. 목표가 분명하면 잠시 곁길로 빠졌다가도 곧 제자리로 돌아올 수가 있지만, 그렇지 않으면 아무리 열심을 내어도 나아갈 방향이 없으므로 이리저리 헤매게 될 것입니다.

더 나아가 길에 대한 안내와 주요 지점에 대한 적절한 소개가 있는 안내서가 있다면 확신과 안정감을 가지고 여행할 수 있을 것입니다. 저의 책들이 여러분의 삶에서 그러한 역할을 하게 되길 소망합니다.

끝으로 도와주신 소중한 분들에게 감사드리고 싶습니다. 이 책이 나오기까지 성실과 친절함으로 수고해 주신 기독교문서선교회 모든 분께 감사드립니다. 여러분과 함께 작업하게 된 것은 주님의 은혜이며, 저에게 기쁨입니다.

또 이 책을 쓰도록 늘 나를 배려해 준 나의 반쪽 김영수 목사, 기도로 힘껏 도와 주신 시아버지 김종운 권사님과 친정어머니 박순덕 권사님, 나의 좋은 상담자인 딸 인애와 멋진 사위 다윗, 그리고 귀여운 손주 이든에게 감사하며 사랑을 전합니다.

모든 영광은 하나님에게!

제1부

율법의 닻줄을 끊어 버리고

제1장 안식일의 본질을 명확히 알자

제2장 율법, 완성인가 폐지인가?

제3장 율법의 기능과 믿음으로 말미암는 의

| 제1장 |

안식일의 본질을 명확히 알자

'그리스도인이 안식일을 지켜야 하는가?'

이 논제는 교회 공동체 안에서 아주 오래전부터 의견이 분분해 온 것이지만, 지금까지도 속 시원한 해답을 얻지 못하고 있는 몇 가지 쟁점 중의 하나가 아닌가 싶습니다. 이것은 앞서 내놓은 책 『하늘 사다리』에서 다루었던 구원론과 마찬가지로, 비단 우리나라 성도들뿐 아니라 전 세계 각 나라의 성도들도 동일하게 혼란을 겪고 있는 문제입니다.

수년 전부터 온라인을 통해 정통 기독교의 간판을 건 이단 출신의 목회자들이 "그리스도인도 안식일을 지키지 않으면 구원받지 못한다"라는 취지의 설교를 온라인을 통해 마구 유포하고 있습니다. 거기에 일반 성도들이 엄청난 호응과 지지를 하는 한편, 또 어떤 이들은 매우 혼란스러워합니다. 심지어 미국 교회는 안식일 교회를 이단으로 취급하지 않는다고 합니다.

그러나 우리 한국 교회는 안식일 교회를 이단으로 규정하면서도 저들이 제기하는 의혹에 대해 명확한 변증을 하지 못하고 있습니다. 이단은 안식일과 관련하여 대략 아래와 같이 두 가지를 가지고 우리 그리스도인에게 도전합니다.

첫째, 하나님이 안식일을 지키라고 분명히 명령하고 있는데도 개신교 교회들이 안식일(토요일)을 일요일로 변개해서 지키고 있다.

둘째, 안식일은 십계명의 한 조항이기 때문에 안식일을 지키지 않으면 구원받지 못한다.

위의 두 가지 도전에 대해 설득력 있는 대답을 저는 아직 들어보지 못했습니다. 안식일을 지킬 필요가 없다는 말이 맞는 것 같기는 한데, 그동안 우리가 가지고 있었던 성경적 지식으로는 위의 도전을 완전히 제압할 방도가 없었던 것이 사실입니다. 저는 교회 성도로부터 이러한 도전을 직접 받은 후, 성령님께 간절히 도우심을 구하며 안식일과 율법이 우리 그리스도인과 어떤 관련이 있는지에 대하여 관심을 가지고 연구하게 되었습니다.

그리고 마침내 의문을 제기했던 성도는 성령께서 밝혀 주신 진리의 말씀 앞에 항복했습니다. 위의 두 조항에 대하여 하나씩 살펴보기로 하겠습니다.

1. 주일은 안식일과 전혀 다르다

첫 번째 조항, "교회가 안식일을 일요일로 변개해서 지키고 있다"라는 주장은 거짓입니다. 주일의 근원은 안식일에 있는 것이 아닙니다. 오히려 사도들은 우리의 공동체 모임을 유대인의 안식일과 구별하기 위하여 토요일(안식일)에 모임을 갖지 않고, 안식후 첫날, 곧 주님이 부활하신 날(일요일)을 기념하여 "주의 날"로 모이기 시작했는데, 이것이 지금까지 교회 공동체 예배의 전통이 된 것입니다(행 20:7; 고전 16:2; 계 1:10).

안식교는 구약의 율법 조항들을 지켜야 구원받는다고 말하는 율법주의자들입니다. 그들의 말을 들으면 일반 성도들은 그 주장에 넘어가기가 아주 쉽습니다. 왜냐하면,

안식교 지도자들은 계시의 흐름은 이해하지 못하면서도, 몇몇 안식일 관련 성구들을 가지고 나름 매우 논리적으로 설득하는 반면에, 우리 정통 교회는 올바른 진리를 가지고 있으면서도 거기에 대해 논리적으로 대응하지 못하고 있기 때문입니다.

그들은 말하기를, 일요일은 물론 크리스마스도 본래 태양신의 날인데 우리 정통 교회가 그러한 날들을 지킴으로써 우상 숭배의 죄를 범하고 있다고 합니다. 일요일이나 크리스마스는 둘 다 천주교의 태양신 숭배에서 유래한 날들이라는 것입니다.

어느 해 연말, 저희가 섬기던 한인교회에서 현지인 목회자와 리더들을 위한 제자 훈련 컨퍼런스를 준비하고 있을 때였습니다. 세미나실에 크리스마스트리가 있었는데, 현지인 제자 중 하나가 저에게 다가와서 말하기를 저 크리스마스트리를 치우는 것이 좋겠다고 했습니다.

그 이유를 물었더니 많은 목회자가 크리스마스를 절기로 지내는 것에 대해 태양신 숭배라는 이유로 못마땅하게 여긴다는 것이었습니다. 그런 이유로 대부분의 현지 교회는 심지어 크리스마스 예배조차 아예 없애 버렸습니다.

제자들이 소개한 동영상을 보았는데, 어느 목회자가 성탄절이나 안식일 등, 날이나 절기들을 지키는 것에 대해 그것을 우상 숭배라고 말하는 것이었습니다. 크리스마스 트리 장식은 태양신을 위한 것이라고 합니다.

저는 한 번도 그렇게 생각해 보지 않았던 터라 그 말을 듣고 곰곰이 생각해 보았습니다. 만일 트리 장식이 태양신 숭배의 잔재라면 태양에 대한 모형이라도 있어야 하는데. 우리는 예수님의 탄생을 인도했던 별과 밤을 밝히는 조명등을 사용하여 예수님이 베들레헴이라는 마을에서 탄생하신 그 소박한 밤의 축하 분위기를 꾸미는 것일 뿐 어떤 정형화된 틀은 없습니다.

그런데도 저들의 말을 들은 성도들은 '정말 그런게 아닌가'하고 놀라기도 하고 또 어떤 이들은 그런 잘못된 지식을 가지고 자기 교회를 판단합니다. 당시 저희 교회에서도 절기마다 꽃꽂이로 강대상을 예쁘게 장식하던 성도가 그해 성탄절에는 그만두는 것을 보았습니다. 나중에야 알았는데 그 같은 이유 때문이었습니다.

설령 천주교가 그렇게 음란하게 날과 절기들을 섬긴다고 하여 우리가 동요될 필요가 있을까요?

천주교에서 태양신을 숭배하는 날로 일요일과 크리스마스를 지키고 있다고 해도, 같은 날에 우리가 우리 하나님에게 공동체 예배를 드린다고 해서 문제 될 것은 없습니다. 왜냐하면, 우리는 일요일과 성탄절을 그들이 말하는 것처럼 태양신을 숭배하거나 율법을 따라 지키는 것이 아니라, 자발적으로 하나님을 예배하기 위해 모이기 때문입니다.

여기서 우리가 주일과 안식일을 혼돈해 버리면 저들의 주장에 넘어가게 됩니다. 주일은 율법이 말하는 안식일과는 개념이 전혀 다르다는 것을 잘 이해할 필요가 있습니다.

사도 바울은 선교 여행 중에 세웠던 갈라디아의 교회에, 그가 떠난 후 몇몇 할례파 유대인들이 들어와 그리스도인도 유대인처럼 할례를 받고 안식일을 지켜야 구원받는다고 가르침으로서 바울의 교훈을 역행하고 있다는 소식을 들었습니다. 그래서 갈라디아 교회에 편지를 씁니다.

> 이제는 너희가 하나님을 알 뿐 아니라 더욱이 하나님이 아신 바 되었거늘 어찌하여 다시 약하고 **천박한 초등학문**으로 돌아가서 다시 그들에게 종노릇 하려 하느냐 너희가 **날과 달과 절기와 해를 삼가 지키니** 내가 너희를 위하여 수고한 것이 헛될까 두려워

하노라(갈 4:9-11).

9절에서 천박한 초등학문이 의미하는 것은 모세의 율법, 특히 레위기의 규정들을 가리키는 것입니다. 10절에서는 그러므로 날과 달과 절기들에 대해 우리가 거기에 얽매일 필요가 없다고 말합니다. 율법이 명하고 있는 안식일이나 초하루 등을 우리는 지킬 필요가 없는 것입니다.

다시 말해 우리의 공동체 예배를 주일에 드리든, 토요일에 드리든, 또 12월 25일을 주님 탄생일로 기념하여 모이든, 다른 날에 모이든 상관이 없습니다. 날과 절기에 대해 자유하기 때문입니다. 교회가 공동체 예배를 위해 주중 어느 한 날을 정했다면 그것으로 된 것입니다. 우리는 진리 안에서 자유합니다. 천박한 초등학문(율법)에 얽매일 필요가 없습니다.

저들의 말대로라면 일요일은 태양의 날이니 안되고, 월요일에 예배하면 월(月)요일은 달의 날이니 달을 숭배하는 것이고, 화(火)요일은 불을, 수(水)요일은 물을, 목(木)요일은 나무를, 금(金)요일은 금을, 토(土)요일은 땅을 숭배하는 날이니 우리는 주중 어느 날에도 공동체 예배로 모이면 안 되는 것입니다.

그러니 주일이나 크리스마스에 대해 저들의 말을 들으면 저들의 거짓 수법에 말려드는 것입니다. 그들에게는 주일이 태양의 날인지는 모르겠으나 우리에게 있어서는 일요일부터 토요일까지 모든 날이 주의 날입니다. 우리 아버지 하나님이 이 모든 날을 우리를 위해 창조하셨고, 또 주님이 우리 삶의 주인이기에 우리의 모든 날은 주의 것입니다. 그러므로 모든 날을 우리는 거룩하게 살아야 합니다.

다만 우리 그리스도의 몸 된 교회는 특별히 주중에 한 날, 주님이 부활하신 날을 택하여 "주의 날"로 정하고, 공동체 예배로 모입니다.

이날은 전 세계적으로 일하지 않고 쉬는 날이니 모두가 모이기에 얼마나 좋습니까?

또 이날에만 모이는 것이 아니라 각 교회의 상황과 형편에 따라 다른 요일에도 모입니다. 우리는 주일에 하나님을 예배하려고 모이지만 저들은 '안식일이라는 날'을 섬기며 지키고 있는 것입니다.

사실을 말하자면 저들이 우상 숭배를 하고 있는 것입니다. 우리는 율법을 지키듯이 주일을 의무적으로 지키는 것이 아니라, 자발적으로 함께 모여 받은 은혜를 나누며 기쁨과 감사로 하나님을 예배하는 것입니다. 거룩하고 영광스러운 축제의 날입니다.

안식일은 율법의 한 조항입니다. 주님이 오시기 전, 하나님은 모세를 통해 이스라엘 자손에게 율법을 주셨습니다. 율법은 당시 하나님이 이스라엘 백성에게 주신 것이지 우리 그리스도인이 지켜야 할 계명은 아닙니다. 율법은 장차 오실 그리스도의 모형이며 그림자입니다. 이것은 율법의 가장 중요한 역할입니다.

> 율법은 장차 올 좋은 일의 그림자일 뿐이요 참 형상이 아니므로 (히 10:1).

> 우리를 거스르고 불리하게 하는 법조문으로 쓴 증서(율법)를 지우시고 제하여 버리사 십자가에 못박으시고 통치자들과 권세들을 무력화하여 드러내어 구경거리로 삼으시고 십자가로 그들을 이기셨느니라 그러므로 먹고 마시는 것과 절기나 초하루나 안식일을 이유로 누구든지 너희를 비판하지 못하게 하라 이것들은 장래 일의 그림자이나 몸은 그리스도의 것이니라 (골 2:14-17).

이스라엘 백성을 정죄하던 율법은 예수 그리스도와 함께 십자가에서 끝났습니다. 그러므로 우리는 더 이상 율법의 어떤 것에도 얽매일 필요가 없고 오직 그리스도만을 섬기며 그분의 뜻에 순종하면 되는 것입니다.

> 새 언약이라 말씀하셨으매 첫 것은 낡아지게 하신 것이니 낡아지고 쇠하는 것은 없어지는 것이라(히 8:13).

유대인들이 율법을 가지고 고집부리다가 망했는데, 우리 시대에 해당하지도 않는 그것을 지금까지도 굳게 잡고 놓지 않는 것은 참으로 어리석은 일이 아닐 수 없습니다. 그런데 성도들을 혼란에 빠뜨리는 일에 우리 정통 교회도 한몫 담당했음을 부인할 수 없습니다.

우리말에 "아 다르고 어 다르다"라는 말이 있습니다. 많은 교회가 그동안 주일을 안식일이라고 말하며 의무적으로 그날을 지켜야 하는 것으로 가르쳤기 때문에 안식교의 주장이 성도들에게 설득력이 있는 것입니다. 주일은 율법에 의해서가 아니라 교회 공동체의 합의로 정한 것이지, 주일을 지키지 않으면 하나님이 진노하신다거나 지옥에 가기 때문이 아닙니다.

주일 예배는 아름답고 좋은 우리 공동체의 전통입니다. 성도의 영적 성장을 위해 꼭 필요합니다. 예배를 통해 하나님을 만나고 성도 간의 교제를 통해 사랑과 기쁨을 누리는 날입니다. 안식일과는 아주 다릅니다.

구약 시대 율법은 안식일에 일하는 사람은 돌로 쳐서 죽이라고 했습니다. 이스라엘은 안식일 외에도 많은 날과 절기를 지켜야 했습니다. 그러나 바울은 우리에게 먹고 마시는 것과 절기(유월절, 맥추절 등)나 초하루나 안식일을 이유로 누구든지 너희를 비판하지 못하게 하라고 엄히 경계합니다.

성탄절도 마찬가지입니다. 예수님이 언제 태어나셨는지에 대한 정확한 기록은 성경 어디에도 없습니다. 그렇다면 우리가 예수님의 탄생을 기념하기 위하여 어떤 날을 정하여 예배를 드리든, 아니면 정하지 않든 아무 상관이 없습니다.

바울은 거기에 대해 아무도 비판하지 말라고 합니다. 그날 예수님이 태어났느냐, 아니냐가 중요하지 않습니다. 다만, 그날을 예수님 오신 날로 기념하고 공동체가 함께 모여 주 오심을 감사하고 기뻐하고 서로 축복하며 어려운 이웃을 돌보는 것입니다.

얼마나 아름다운 교회의 전통입니까?

그 이상의 의미를 부여할 필요가 없는 것입니다. 우리 정통 교회는 이러한 사실들을 인식하고, 우리 성도들이 이단에게 미혹당하지 않도록 주일이나 크리스마스에 대해 입장을 분명히 표명해 주는 것이 하나의 지혜이며 성도를 향한 배려라 생각합니다.

2. 우리에게는 새 계명이다

저들의 두 번째 주장은 "안식일은 십계명의 한 조항이기 때문에 안식일을 지키지 않으면 구원받지 못한다"는 것입니다. 십계명은 예수님이 우리에게 주신 것이기 때문에 우리가 생활에서 십계명을 지키듯이 그 조항 중의 하나인 안식일도 당연히 지켜야 한다는 것입니다. 이 주장은 매우 논리적이고 타당해 보입니다.

실제로 대부분의 교회가 십계명을 지키도록 가르치고 있으며, 주일을 안식일처럼 지키라고 말하고 있기 때문입니다. 이처럼 교회 안에 율법의 잔재가 남아있기 때문에 성도들이 혼란을 겪는 것입니다.

주일학교 때부터 십계명을 중요하게 여기며 외우게 합니다. 심지어 주일 예배 때마다 전 교인이 십계명을 하나의 신조로 낭독하는 교회도 있습니다.

그러니 우리가 이렇듯 십계명을 지켜야 한다면 안식일도 십계명의 한 부분이므로 저들이 말하는 것처럼 지켜야 하는 것이 맞지 않겠습니까?

반박할 근거가 없습니다. 상황이 이러하므로 이제는 우리가 그동안 덮어 두었던 부분에 대해 제대로 알고 바르게 가르쳐서 이단으로부터 성도들을 보호해야 할 것입니다. 안타깝게도 하나님에 대해 알기를 원하고 바르게 신앙생활 하기를 원하는 열심 있는 성도들이 저런 마귀의 함정에 빠져들고 있기 때문입니다.

그렇다면 십계명을 지키지 않아도 됩니까?

이렇게 질문할 분들이 있을 것입니다. 지금부터는 특별히 집중해서 들으시기를 바랍니다. 자칫 오해하면 저를 이단이라고 정죄할 수도 있기 때문입니다.

먼저, 결론부터 말하자면 우리는 성막의 제사 제도나 음식 규정 등 레위기의 다른 규례들과 마찬가지로 십계명 또한 지킬 필요가 없습니다. 왜냐하면, 십계명은 하나님이 시내산에서 모세를 통해 이스라엘 공동체에 주신 것이지 예수님이 우리에게 주신 것이 아니기 때문입니다. 예수님의 계명이 아닙니다. 그렇다고 해서 우상을 숭배하거나 도둑질이나 간음을 하는 등 십계의 조항을 범해도 된다는 말은 아닙니다.

십계명은 율법의 핵심입니다. 기억하기 쉽도록 율법의 많은 조항을 열 개의 항목으로 단순화시켜서 하나님이 친히 돌판에 새겨 모세를 통해 이스라엘 자손에게 주신 것입니다. 율법은 특별히 당시 하나님의 백성이었던 이스라엘 자손에게 주신 것입니다.

이스라엘 백성 이전의 아담, 노아, 아브라함, 욥, 그리고 요셉 등 하나님의 사람들은 율법이나 안식일에 상관없이 하나님을 섬겼습니다. 또한, 이스라엘이 아닌 오늘 우리 그리스도인에게도 율법은 해당되지 않습니다.

그래서 우리는 율법을 따라 살았던 이스라엘 백성의 후손이 아니라 믿음의 삶을 살았던 아브라함의 영적인 후손이라고 하는 것입니다. 하나님이 왜 이스라엘 백성에게 율법을 주셨는지에 대해서는 뒷장에서 다루겠습니다.

오늘날 우리는 십계명보다 더 크고 중요한 새 계명을 주님으로부터 받았습니다. 사실 십계명은 새 계명 안에서 완성되었기 때문에 우리가 십계명을 아주 버리는 것이 아니고, 새 계명 안에서 십계명의 계시가 새롭게 열리는 것입니다. 이제 십계명은 지나간 것이고 새 계명이 우리 그리스도인이 믿고 순종할 계명입니다.

새 술은 새 부대에 담아야 합니다. 새 포도주를 낡은 부대에 담으면 포도즙이 발효될 때 부풀어 오르기 때문에 부대도 터지고 포도주도 버려지기 때문입니다. 새 언약(그리스도)은 새 술이고 십계명(모세)은 옛 술에 해당하므로, 우리가 진정으로 새 언약을 받아 누릴 수 있으려면 율법적인 사고방식을 버리고 마음을 새롭게 해야 합니다. 새 부대가 되어야 하는 것입니다.

먼저는 우리에게서 율법주의의 잔재들을 털어 내고, 말씀에 기초하지 않은 잘못된 교리나 선입견을 버리며, 언제라도 주의 뜻에 순종할 마음을 가질 필요가 있습니다. 또 성도들에게는 주께서 우리에게 직접 말씀하신 새 술, 새 계명을 가르치는 것입니다.

> 그중의 한 율법사가 예수를 시험하여 묻되 선생님 율법 중에서 어느 계명이 크니이까 예수께서 이르시되 네 마음을 다하고 목숨을 다하고 뜻을 다하여 주 너의 하나님을 사랑하라 하셨으니 이것이 크고 첫째 되는 계명이요 둘째도 그와 같으니 네 이웃을

> 네 자신 같이 사랑하라 하셨으니 이 두 계명이 온 율법과 선지
> 자의 강령이니라(마 22:35-40).

새 계명은 사실 십계명을 두 가지로 압축한 것입니다. 율법과 선지자는 구약성경 전체를 일컫는 말입니다. 그러니 위의 두 계명, 하나님 사랑과 이웃 사랑은 신·구약성경의 핵심적인 강령입니다.

하나님은 어제나 오늘이나 동일하십니다. 율법에 그 많은 조항이 있었지만, 그것들을 하나님의 관점으로 바라보면 바로 '사랑'이라는 단 한마디 계명으로 압축된다는 것입니다. 하나님은 존재 자체가 사랑입니다. 그 사랑 안으로 우리를 이끌기 위해 서로 사랑하라는 계명을 주신 것입니다. 사도 요한도 말합니다.

> 우리가 이 계명을 주께 받았나니 하나님을 사랑하는 자는 또한
> 그 형제를 사랑할지니라(요일 4:21).

사랑을 실천하도록 예수님이 우리에게 구체적으로 설명해 주신 것이 있는데 그것이 바로 마태복음 5-7장의 산상수훈입니다. 이것이 천국 백성이 된 그리스도인들이 살

아낼 계명입니다. 우리 교회가 강조하고 중요하게 가르쳐야 할 것은 산상수훈의 말씀입니다. 그것은 신약성경의 핵심입니다.

신앙생활에 있어서 무엇에든지 성령의 조명하심을 따라 말씀을 정확히 이해하고 있으면 아무리 큰 미혹에도 우리는 결코 흔들리지 않습니다. 마지막 때가 가까워지면 거짓 선지자와 거짓 교사들이 많이 일어나고 큰 미혹이 있을 것이라고 주님이 말씀하셨습니다(마 24:23-24).

하나님이 그것을 허락하시는 이유는 믿는다고 하면서도 실상은 진리를 사랑하지 않고 불의를 좋아하는 자들을 갈라내어 심판하려 하심입니다. 그러므로 오늘을 사는 우리는 정신을 바짝 차리고 깨어 있기를 힘써야 할 것입니다.

> 악한 자의 나타남은 사탄의 활동을 따라 모든 능력과 표적과 거짓 기적과 불의의 모든 속임으로 멸망하는 자들에게 있으리니 이는 그들이 진리의 사랑을 받지 아니하여 구원함을 받지 못함이라 이러므로 하나님이 미혹의 역사를 그들에게 보내사 거짓 것을 믿게 하심은 진리를 믿지 않고 불의를 좋아하는 모든 자로 하여금 심판을 받게 하려 하심이라(살후 2:9-12).

하나님의 뜻대로 살고 싶어서 진리를 찾는 이들이 이런 미혹에 빠져드는 것은 참 안타까운 일입니다. 심지어 순진한 목회자들도 거기에 동요되며 넘어가고 있습니다. 안식일이 아닌 주일에 예배드리는 것은 교회가 세속화되었기 때문이니, 성경 말씀대로 공동체 예배 모임을 안식일로 정하여 지키자고 하는 교회와 목회자들이 늘어나고 있습니다.

이제는 주의 몸 된 교회가 진리에 대해 정직해질 필요가 있습니다. 고도로 교활해진 이단의 활동에 당하지 않으려면 교회 안에 자리 잡은 비진리들을 찾아내어 단호히 버리는 작업이 필요합니다. 이탈하려는 교인들을 지키기 위해 아무리 조직을 동원해서 애써본들 우리가 성도들에게 올바른 길을 제시해 주지 않는 한 그들의 이탈을 막을 수는 없을 것입니다.

포스트 코로나에 세상은 더 빠르게 변하고 있습니다. 교회도 무엇인가 변화되어야 할 것 같은 압박을 받고 있습니다. 그러나 세대를 초월하여 교회가 안전하게 걸을 수 있는 유일한 길은 진리의 말씀으로 돌아가는 것뿐입니다. 그동안 교회가 진리를 굳게 붙잡지 못하고 필요에 따라 혹은 시류에 따라 휩쓸렸기 때문에 교회는 세상에서 빛과 소금의 기능을 상실했던 것입니다.

  지금까지 설명한 것으로 안식일이나 율법에 대한 것을 이해하는데 의문이 완전히 해결되지는 않았을 것입니다. 다음 장에서는 '율법은 완성되었는가, 아니면 폐지되었는가'라는 주제를 가지고 좀 더 깊이 있게 다루어 보겠습니다.

| 제 2 장 |

율법, 완성인가 폐지인가

신약성경에서 율법주의자들과 가장 많이 충돌했던 인물은 예수님과 사도 바울입니다. 그러므로 이번 장에서는 율법에 대해 예수님의 입장은 어떠했는지, 또 사도 바울의 입장은 무엇인지를 살펴보면서 율법과 우리의 관계에 대해 좀 더 자세히 알아볼 것입니다.

앞 장에서 우리가 간단히 다루었듯이 사도 바울은 말하기를 율법은 이제 그리스도께서 오심으로 폐하여졌으므로 우리는 율법의 조문들을 지킬 필요가 없다고 합니다.

> 우리를 거스르고 불리하게 하는 법조문으로 쓴 증서를 지우시고 제하여 버리사 십자가에 못박으시고, 너희가 초등학문에서 그리스도와 함께 죽었거든 어찌하여 세상에 사는 것과 같이 규례에 순종하느냐, 이 모든 것은 한때 쓰이고는 없어지리라(골 2:14, 20, 22상).

사도 바울의 뜻은 '율법은 땅에 속한 사람들을 위한 법이다. 너희는 그리스도 안에서 이미 죽은 자들인데 왜 땅의 법에 순종하려느냐, 너희는 이제 땅의 법은 잊어버리고 천국의 시민답게 하늘의 법을 생각하라'는 것입니다 (골 3:1-2).

그런데 예수님은 사도 바울의 '율법 폐기론'과는 반대의 입장을 보입니다. 겉으로만 보면 이해가 되지 않습니다. 주께서는 율법을 폐하러 오신 것이 아니라 완전하게 하러 오셨다고 말씀하고 계시기 때문입니다.

> 내가 율법이나 선지자를 폐하러 온 줄로 생각지 말라 폐하러 온 것이 아니요 완전하게 하려 함이라 진실로 너희에게 이르노니 천지가 없어지기 전에는 율법의 일점 일획도 결코 없어지지 아니하고 다 이루리라 (마 5:17-18).

여기서 사람들은 이 두 가지 견해를 놓고 서로 상반된 주장을 합니다. 하나는 바울의 입장을 따라 '율법은 폐하여진 것이니 지킬 필요가 없다', 다른 하나는 예수님이 율법을 폐하신 것이 아니라 완전하게 하셨기 때문에 '우리 그리스도인들도 할 수만 있다면 율법의 조항들을 다 지켜야 한다'라고 말합니다.

여러분은 여기에 대해 어떻게 생각하십니까?
예수님을 지지하십니까?
바울을 지지하십니까?
아니면 제3의 해법이 있습니까?

사도 바울의 입장을 먼저 살펴보겠습니다.

1. 율법에 대한 바울의 견해

사도 바울은 예수님을 만나기 전 대제사장으로부터 위임받아 율법을 허무는 그리스도인들을 핍박하는 일에 앞장섭니다. 율법과 하나님을 향한 충성심으로 그렇게 한 것입니다. 그런데 바울이 그리스도인들을 체포하러 가고 있었을 때, 예수님이 다메섹 도상에서 그를 극적으로 만나주셨고, 그를 이방인의 사도로 세우십니다.

바울은 지중해 연안과 유럽으로 다니며 복음을 전합니다. 그런데 할례도 받지 않고 율법도 전혀 모르는 이방인들이 침례(세례)를 받을 때, 성령을 받고 방언도 하고 예언을 하는 것을 봅니다. 이방인들이 하나님의 은혜를 받기에 율법이 전혀 상관이 없는 것입니다. 바울은 예루살렘 공회에 참석하여 그 놀라운 사실을 사도들에게 알립니다.

그 자리에 함께 있었던 사도 베드로도 그가 욥바에 있었을 때, 성령께서 그를 이끌어 로마 군인이었던 고넬료와 그 가족에게 복음을 전하자, 성령이 임했던 사건을 이야기하며, 율법이 없는 이방인들이 구원받은 사실을 증언합니다.

그래서 사도들이 결의하여 주께 돌아온 이방인들에게 그 어떤 율법으로도 짐 지우지 말고, 다만 우상의 더러운 것과 음행과 목매어 죽인 것과 피를 멀리하라고만 가르치게 했습니다(사도행전 15:1-29).

이후 바울은 계속하여 이방인 전도를 합니다. 주께 돌아온 이방인이 할례를 행하지 않고 또 안식일을 지키지 않는 것에 대해 아무도 판단하지 말라고 합니다.

왜냐하면, 의문에 쓴 증서, 즉 율법을 그리스도께서 십자가를 지심으로 제하여 버렸으므로, 이제는 우리가 의롭게 되는 것이 율법의 행위로 말미암는 것이 아니라 오직 예수 그리스도를 믿음으로 말미암는다고 말합니다.

> 사람이 의롭게 되는 것은 율법의 행위로 말미암음이 아니요 오직 예수 그리스도를 믿음으로 말미암는 줄 알므로 우리도 그리스도 예수를 믿나니 이는 우리가 율법의 행위로서가 아니고 그리스도를 믿음으로써 의롭다 함을 얻으려 함이라 율법의 행위로써는 의롭다 함을 얻을 육체가 없느니라(갈 2:16).

당시의 그리스도인들은 대부분 유대교에서 개종한 사람들이었습니다. 율법의 무거운 짐을 지고 살다가 갑자기 그 짐을 다 내려놓으려니까 좀 적응이 어려운 점도 있었을 것입니다.

'정말 예수를 믿으면 다 되는 건가?'

이렇게 의심하는 이들에게 '그리스도인도 율법을 지켜야 한다'라고 말하는 할례파 지도자들의 유혹은 매우 설득력이 있었을 것입니다. 또한, 율법을 지킨다고 하면 유대교로부터 핍박을 면하게 될 터이니 인간적으로 보면 할례파의 주장은 매우 합리적인 생각처럼 여겨졌을 것입니다.

"예수님도 믿고, 안식일도 지키고, 할례도 받고, 할 수 있는 한 음식 규정도 지키고, 이것들 하나라도 더 지킨다면 안 지키는 것보다 낫지 않을까요?"

오늘날에도 이렇게 말하는 이들이 있습니다.

"구약에서 안식일을 지키라고 엄히 명하고 있으니, 우리 그리스도인도 할 수만 있다면 주일이 아니라 토요일을 안식일로 지키는 것이 더 나은 것 아닙니까?"

그래서 안식교가 아닌데도 토요일을 안식일로 지키고 음식도 율법에 따르도록 종용하는 교회들이 있습니다.

"그것이 과연 복음적인 태도일까요?"

이렇게 질문한다면 사도 바울은 뭐라고 답할까요?

> 그리스도께서 우리를 자유롭게 하려고 자유를 주셨으니 그러므로 굳건하게 서서 다시는 종의 멍에를 메지 말라. 율법 안에서 의롭다 함을 얻으려 하는 너희는 그리스도에게서 끊어지고 은혜에서 떨어진 자로다(갈 5:1-4).

아주 무서운 말씀입니다. 예수님이 오셔서 우리에게서 율법의 무거운 멍에를 풀어주셨는데 그것을 다시 짊어지려 하는 어리석음을 범하지 말라는 것입니다. 예수님은 율법 아래서 종노릇 하며 고통받는 백성을 자유케 하시려고, 죄인들을 대신해 십자가를 지심으로 율법의 요구를 다 이루셨습니다. 그리고 구원을 선물로 주셨습니다.

그런데 할례파 유대인들은 구원을 선물로 받지 못하고 구원받기 위해 무언가를 더 해야 한다고 생각하며 할례를 행하고 안식일을 지키려고 한 것입니다.

그러나 그것은 행위로 구원받으려는 잘못된 태도이며, 예수님의 십자가 사역을 부정하고 율법을 지킴으로 의롭게 되려는 '율법주의'입니다. 하나님의 은혜를 저버리는 행위이므로 그러한 사람이 구원받기 위해서는 율법의 조항들을 모두 다 지켜야 한다고 말합니다. 그중 하나라도 지키지 않으면 저주 아래 놓인다고 합니다. 절대로 율법과 타협하는 것을 용납하지 않습니다,

그러므로 사도 바울은 율법은 이스라엘까지요, 우리에게는 그리스도로 말미암아 폐하여진 것이라고 말합니다. 우리와는 전혀 상관이 없다는 것입니다. 조금도 타협의 여지를 주지 않습니다.

> 이제는 너희가 하나님을 알 뿐 아니라 더욱이 하나님의 아신 바 되었거늘 어찌 다시 약하고 천박한 초등학문으로 돌아가서 다시 그들에게 종노릇 하려 하느냐 너희가 날과 달과 절기와 해를 삼가 지키니 내가 너희를 위하여 수고한 것이 헛될까 두려워 하노라(갈 4:9-10).

사도 바울이 말하려는 것은 예수님이 오심으로 이제 율법의 시대는 끝났으니 우리는 율법에서 완전히 자유하다는 것입니다.

2. 율법에 대한 예수님의 입장

율법에 대한 예수님의 생각은 무엇인지 지금부터 자세히 알아보겠습니다.

> 내가 율법이나 선지자를 폐하러 온 줄로 생각하지 말라. 폐하러 온 것이 아니요 완전하게 하려 함이라. 진실로 너희에게 이르노니 천지가 없어지기 전에는 율법의 일점일획도 결코 없어지지 아니하고 다 이루리라. 그러므로 누구든지 **이 계명** 중에 지극히 작은 것 하나라도 버리고 또 그같이 사람을 가르치는 자는 천국에서 지극히 작다 일컬음을 받으리라. 누구든지 이를 행하며 가르치는 자는 천국에서 크다 일컬음을 받으리라 내가 너희에게 이르노니 너희 의가 서기관과 바리새인보다 더 낫지 못하면 결코 천국에 들어가지 못하리라(마 5:17-20).

어머나, 이게 어찌된 일입니까?

사도 바울과는 달리 예수님은 율법을 폐하러 오신 것이 아니라고 하십니다. 오히려 천지가 없어지기 전에는 율법의 일점일획도 다 이루어져야 하고, 또 계명을 다 지켜야 한다고 말씀하십니다.

여러분은 위의 구절들에 대해 어떻게 생각하십니까?

그리스도인도 율법을 지켜야 한다고 주장하는 사람들처럼 우리가 바리새인보다 구약의 율법을 더 잘 지켜야 한다는 뜻일까요?

위의 구절에서 말하는 율법이나 선지자는 구약성경 전체를 일컫는 말입니다. 예수님은 구약성경의 계시를 모두 하나님의 입에서 나온 말씀으로 인정하고 계심을 볼 수 있습니다. 구약의 말씀들은 하나도 버릴 것이 없으며 다 이루어질 것이라는 말입니다.

이 부분을 보면 율법에 대해 예수님과 사도 바울의 입장이 전혀 달라 보입니다. 그러나 위 구절들만 떼어서 보지 말고 마태복음 5장 전체를 연결해서 보면 예수님의 말씀을 제대로 이해할 수 있습니다.

앞서 언급한 바와 같이 구약성경은 장차 오실 예수님의 삶과 사역에 대해 다양한 방식으로 나타내고 있습니다. 예수님은 구약성경에서 자기에 대해 기록된 그 예언의 말쏨들을 다 이루기 위해 오셨습니다. 우리가 율법의 조항들을 다 지켜야 한다는 뜻이 아니라, 예수님이 율법을 다 이루실 것이라고 다음과 같이 말씀하고 계신 것입니다.

> 천지가 없어지기 전에는 율법의 일점일획도 결코 없어지지 아니하고 다 이루리라(마 5:18).

그러므로 이 말씀이 예수님의 삶 속에서 어떻게 이루어졌는지 살펴볼 필요가 있습니다. 앞서 언급했듯이 예수님은 율법과 선지자(구약)의 강령을 두 가지로 요약하셨습니다.

첫째는 네 마음을 다하고 목숨을 다하고 뜻을 다하여 주 너의 하나님을 사랑하라는 것입니다.
그 둘째 계명은 네 이웃을 네 몸과 같이 사랑하라는 것입니다.

다시 말해 우리가 하나님을 사랑하고 이웃을 사랑하면 구약성경의 모든 계명을 다 이루는 것입니다. 예수님은 율법 아래 오셔서, 사람으로서는 아무도 지킬 수 없었던 위의 두 가지 법을 친히 몸으로 완성하셨습니다.

첫 번째 계명은 어떻게 이루어졌을까요?

"마음을 다하고 힘을 다하고 목숨을 다하여 하나님을 사랑하라"는 계명을 이루기 위하여 하나님에게 죽기까지 순종하심으로 첫 번째 계명을 완성하셨습니다.

또 그와 같이 이웃을 사랑하셔서 우리를 구원하시려고 자기 목숨을 버리셨습니다. 이렇게 두 번째 계명도 완전히 이루셨습니다. 하나님을 향한 그리고 사람을 향한 크고 완전한 사랑을 십자가를 통해 이루신 것입니다.

예수님은 이렇게 율법의 요구를 다 완성하시고 우리에게 새로운 차원의 법 '서로 사랑하라'는 계명을 주셨습니다. 그렇게 완성된 법의 세부적인 계명들이 마태복음 5-7장의 산상수훈의 말씀들입니다. 이 계명의 말씀들은 예수님처럼 자기를 부인하고 하나님을 사랑하는 사람들만이 지킬 수 있는 최고의 법입니다.

> 그러므로 누구든지 **이 계명** 중에 지극히 작은 것 하나라도 버리고 또 그같이 사람을 가르치는 자는 천국에서 지극히 작다 일컬음을 받으리라(마 5:19).

위의 구절에서, 이 계명이 가리키는 것은 일반적으로 생각하는 것처럼 모세 율법의 세세한 조항들이 아니라, 그것은 19절 이후 5장 21절부터 7장까지에 기록되어 있는 산상수훈의 계명들입니다.

그것들은 하나님을 사랑하고 이웃을 네 몸과 같이 사랑하라고 하신 예수님의 계명이 어떤 것인지를 구체적으로 제시하고 있습니다. 예수님이 말씀하신 이 계명들이 바로 하늘에 속한 천국 시민의 법입니다.

"살인하지 말라"는 옛 계명은 살해 행위 이전의 단계로 볼 수 있는, 다른 사람에게 화내거나 욕하는 것까지도 살인죄에 해당한다고 말씀합니다. 사도 요한은 이 부분에 대해 형제를 미워하는 것도 살인죄라고 말합니다(요일 3:15). 첫 계명보다 훨씬 품격이 높아졌습니다.

또 "간음하지 말라"는 옛 계명에 대해서는 여자를 보고 음욕을 품는 순간 이미 간음을 한 것이니 마음부터 잘 지켜야 한다고 말씀하십니다. 또 "원수를 미워하라"는 옛 계명은 '이는 이, 눈은 눈'으로 원수에게 당한 그대로 갚아주고 그 이상은 해치지 말라고 하는 뜻이었지만, 예수님은 원수를 용서하고 사랑하며 그를 위해 기도하라고 말씀하십니다.

우상을 숭배하지 말라는 계명은 어떻습니까?

눈에 보이는 새겨 만든 것들 만이 아니라 그것이 남편이든 자녀이든 아니면 자기 자신의 목숨이든 하나님보다 더 사랑하는 것이 우상입니다. 그리스도인은 마땅히 부모 형제를 사랑해야 하지만, 주님의 제자로 부름을 받은 사람이 자기 가족을 하나님보다 더 사랑하면 주님을 온전히 따를 수 없기 때문입니다.

> 무릇 내게 오는 자가 자기 부모와 처자와 형제와 자매와 더욱이 자기 목숨까지 미워하지 아니하면 능히 내 제자가 되지 못하고 (눅 14:26).

새 계명은 율법보다 더욱 까다롭고 수준이 높습니다. 우리가 처음 믿기 시작할 때부터 이 법을 완전하게 지킬 수는 없을 것입니다. 그리스도 안에서 성장함에 따라 점점 온전해져 갑니다. 계명을 우리 힘으로 지키는 것이 아니라 우리 안에 오신 성령으로 말미암아 행하기 때문에 율법을 지키는 것보다 훨씬 유리하고 쉽습니다.

율법은 스스로의 힘으로 그 모든 조항을 다 지켜야 의롭다고 인정받습니다. 모두 다 잘 지켰어도 작은 규례 중

하나라도 범하면 율법을 모두 범한 것으로 간주합니다.

> 누구든지 온 율법을 지키다가 그 하나를 범하면 모두 범한 자가 되나니(약 2:10).

그러나 우리는 다릅니다. 우리 그리스도인은 계명을 다 지킴으로 의롭다고 판정받는 것이 아니라 예수님을 믿을 때 이미 의롭다고 인정받았습니다. 그래서 성도라고 칭함을 받습니다. 성도(聖徒)라 함은 우리가 거룩하기 때문에 그렇게 불리는 것이 아니라 그리스도 안에서 거룩하게 구별되도록 부름을 받은 자들이라는 의미입니다. 그러므로 그리스도 안에 있는 자들은 자연스럽게 그리스도와 같이 거룩함을 향하여 나아가는 것입니다.

우리는 실수가 잦고 죄와 허물이 커서 거룩하지 못하지만, 있는 모습 그대로 주께 나아가면 거룩하신 주님을 닮아갑니다. 그리스도와 함께 그의 길로 한 걸음 한 걸음 나아가는 것, 그것이 성화의 길이며 구원받은 자의 삶입니다. 어떤 이는 조금 빠르게 어떤 이는 조금 더디게 거룩함을 이루어 갈 것이지만, 주님은 그 길의 끝에서 우리 각자에게 합당한 세마포 옷을 입혀 주실 것입니다.

하나님이 돌판에 새겨서 주신 율법은 이스라엘의 불순종으로 깨졌지만 새 계명은 성령으로 말미암아 직접 우리의 마음 판에 새겨주신 것이기 때문에 우리가 연약함으로 지키지 못하는 계명들이 있다고 해도 깨지지 않는 언약입니다. 우리는 언제든 예수님에게 다시 돌아갈 수 있습니다.

> 보라 날이 이르리니 내가 이스라엘 집과 유다 집에 새 언약을 맺으리라 이 언약은 내가 그들의 조상들의 손을 잡고 애굽 땅에서 인도하여 내던 날에 맺은 것과 같지 아니할 것은 내가 그들의 남편이 되었어도 그들이 내 언약을 깨뜨렸음이라 그러나 그날 후에 내가 이스라엘 집과 맺을 언약은 이러하니 곧 내가 나의 법을 그들의 속(생각)에 두며 그들의 마음에 기록하여 나는 그들의 하나님이 되고 그들은 내 백성이 될 것이라 (렘 31:31-33).

히브리서 기자는 위 말씀을 인용(히 8:7-10)하며, 새 언약이 왔으니 첫 언약은 낡아지게 하는 것이라고 말합니다. 사람의 힘으로 지켜야 했던 율법은 사람의 연약함으로 말미암아 지킬 수 없었습니다.

그러나 새 계명은 우리의 힘과 노력으로 지키는 게 아니라, 우리 안에 오신 성령의 도우심으로 행하게 됩니다. 성령님이 우리 안에 오시면 우리의 마음이 새로워집니다. 굳은 마음이 제거되고 부드러운 마음이 되어 주의 계명대로 사는 것이 어렵지 않습니다. 이것이 새 언약입니다.

> 또 새 영을 너희 속에 두고 새 마음을 너희에게 주되 너희 육신에서 굳은 마음을 제거하고 부드러운 마음을 줄 것이며 또 내 영을 너희 속에 두어 너희로 내 율례를 행하게 하리니 너희가 내 규례를 지켜 행할지라(겔 36:26-27).

그러므로 계명대로 살기 위하여 우리가 할 일은 매일 말씀 안에서 우리 주 예수 그리스도께 가까이 나아가는 것입니다. 계속 주 안에 거하는 것입니다. 포도나무 비유에서 가지가 열매를 맺으려면 포도나무에 붙어 있어야 하는 것과 같습니다(요 15:4). 거기서 순종이 나옵니다.

만일 지속적인 불순종으로 마음이 돌처럼 굳어지면 성령께서 우리 안에서 역사하실 수 없고 우리는 본성 상 다시 율법으로 돌아가려 하기 때문에 자기의 마음을 잘 지켜야 합니다.

> 내가 아버지의 계명을 지켜 그의 사랑 안에 거하는 것 같이 너희도 내 계명을 지키면 내 사랑 안에 거하리라 … 내 계명은 곧 내가 너희를 사랑한 것같이 너희도 서로 사랑하라 하는 이것이니라 (요 15:10, 12).

이처럼 구약의 율법은 일점일획도 버려짐이 없이 예수님에 의해 보다 더 숭고하고 차원 높은 천상의 법으로 거듭났습니다. 이렇게 수준 높은 계명을 가진 우리 그리스도인에게 상대적으로 낡고 저급한 율법을 지키라고 하는 것은 말이 되지 않습니다.

그러므로 예수님이 율법을 완전하게 하셨다는 뜻은 주님이 십자가 사랑으로 율법의 요구를 완전하게 이루시고 우리를 율법에서 해방시켰다는 것입니다. 아담 한 사람의 죄로 우리가 죄인 된 것처럼 그리스도의 의를 힘입어 이제는 우리가 의인이 된 것입니다. 예수님의 의의 나무에 접붙임을 받았기 때문에 의의 열매를 맺게 되는 것입니다.

3. 완성과 폐지의 통합

그러므로 우리는 더이상 율법과 상관이 없습니다. 율법에 대한 예수님의 견해는 우리에게 율법이 폐하여졌다는 사도 바울의 주장과 결론적으로 같은 의미입니다.

초대 교회의 성도들도 아마 지금 우리처럼 율법을 완성하셨다는 예수님의 말씀을 잘 이해하지 못하고, 율법을 완성하기 위해 율법의 조항들을 지켜야 한다고 생각했던 것 같습니다. 그런 오해를 풀기 위해 사도 바울은 실천적인 면에서 율법에 대해 보다 더 상세하게 설명한 것이 아닐까 생각됩니다.

바울은 이제 매우 월등하고 고차원적인 새 계명이 우리에게 주어졌으므로 낡은 율법은 버려야 할 초등학문이라고 말합니다. 아직도 우리가 율법을 지켜야 한다고 고집하는 것은 마치 인수분해와 미적분을 공부해야 할 고등학생이 초등학생처럼 곱셈과 나눗셈을 계속하겠다고 고집하는 이치와 같은 것입니다.

그것이 우리 눈에 아무리 고상하고 훌륭해 보일지라도 율법을 지키는 것으로는 하나님의 의를 이룰 수 없습니다. 구원받지 못한다는 것입니다.

그리스도를 믿고 구원받은 자들의 계명은 오직 한가지, 그것은 그리스도 안에 거하며 서로 사랑하는 것입니다. 그래서 사도 바울도 이렇게 말했습니다.

> 형제들아 너희가 자유를 위하여 부르심을 입었으나 그러나 그 자유로 육체의 기회를 삼지 말고 오직 사랑으로 서로 종 노릇 하라 온 율법은 **네 이웃 사랑하기를 네 자신 같이 하라 하신 한 말씀에서 이루어졌나니** 만일 서로 물고 먹으면 피차 멸망할까 조심하라(갈 5:13-15).

바울은 율법에 대해 보다 쉽게 풀어서 다른 방식으로 설명했을 뿐 율법에 대해 예수님과 같은 입장을 견지하고 있는 것입니다. 그러므로 율법은 결국 새 계명으로 나아가는 발판이었으며 새 계명 안에서 온전하게 완성된 것입니다.

> 그러므로 사람이 의롭다 하심을 얻는 것은 율법의 행위에 있지 않고 믿음으로 되는 줄 우리가 인정하노라 … 그런즉 우리가 믿음으로 말미암아 율법을 파기하느냐 그럴 수 없느니라 도리어 율법을 굳게 세우느니라(롬 3:28, 31).

4. 새 언약과 안식일

안식일은 새 언약의 중보자이신 그리스도 안에서 어떻게 완성되었을까요?

여기서는 예수님과 안식일은 어떤 관계이며 또 어떻게 안식일이 새 언약으로 완성되었는지를 살펴보겠습니다.

안식일은 하나님이 이스라엘 백성에게 주신 거룩하고 복된 날입니다. 안식일은 한 주간의 마지막 날, 토요일입니다. 하나님은 이스라엘 자손에게 일주일 중 6일 동안 열심히 일하고 마지막 날 제7일은 안식하라고 명령하셨습니다(출 20:8-10).

밀 추수가 가까울 때였습니다. 예수님이 안식일에 제자들과 함께 밀밭 사이를 지나가시는데 시장했던 제자들이 이삭을 잘라 손바닥으로 비벼 먹었습니다. 바리새인들이 그 모습을 보고 주께 청하기를, 당신의 제자들이 안식일을 범하고 있으니 자제를 시키라고 말합니다.

유대 장로들의 전통에 따라 이삭을 잘라 비비는 행위를 타작하는 일로 간주하고 율법을 어기고 있다고 말하는 것입니다. 사실 바리새인들은 예수님을 믿지는 않고 단지 고소할 거리를 찾기 위해 따라다니고 있었습니다.

그때 예수님이 이렇게 말씀하십니다

> 또 안식일에 제사장들이 성전 안에서 안식을 범하여도 죄가 없음을 너희가 율법에서 읽지 못하였느냐 내가 너희에게 이르노니 성전보다 더 큰 이가 여기 있느니라 나는 자비를 원하고 제사를 원하지 아니하노라 하신 뜻을 너희가 알았더라면 무죄한 자를 정죄하지 아니하였으리라 인자는 안식일의 주인이니라 하시니라 (마 12:5-8).

구약 시대에 성전에서는 안식일에도 예외 없이 매일의 번제와 소제를 드렸습니다. 제사장들은 안식일에도 아침과 저녁으로 양을 잡아 번제를 드리고, 또 떡상에 새로운 진설병을 올리는 일들을 해야 했기 때문에 안식일을 범할 수밖에 없었습니다.

이처럼 제사장들은 성전에서 안식일을 위반했지만 율법에 의해 정죄 받지 않았습니다. 왜냐하면, 안식일보다 하나님이 계신 성전이 더 크고 중요했기 때문입니다.

우리나라의 법에도 법률의 조항들이 서로 충돌할 때는, 하위법은 상위법에 복종한다는 원칙이 존재합니다. 같은 이치입니다. 그래서 6절 말씀에서 주님은 성전보다 더 크시며 안식일의 주인이기에 안식일에 대해 예수님에게 왈 가왈부하며 따지지 말라고 하신 것입니다. 이는 마치 하인이 집주인에게 그 집의 재물에 대해 왜 당신 맘대로 재물을 사용하냐고 따지는 것과 마찬가지로 이치에 맞지 않는 것입니다. 안식일은 예수님의 것이며 예수님이 바로 참 안식을 주는 분이기 때문입니다.

사실 안식일은 땅에서 먹고 사느라 수고하는 인생에 쉼을 주기 위한 하나님의 자비와 긍휼하심이었습니다.

특히, 주인집에 매여서 종노릇 해야 하는 사람들에게 이것은 얼마나 큰 쉼이었겠습니까?

위의 본문과 동일한 사건이 마가복음 2장에도 기록하고 있는데 거기에는 한 구절 더 있습니다.

> 또 이르시되 안식일이 사람을 위하여 있는 것이요 사람이 안식일을 위하여 있는 것이 아니니(막 2:27).

바리새인들은 안식일의 본래 취지를 이해하지 못하고 백성들이 안식일을 온전히 지키도록 하자는 뜻으로 세세한 조항들을 덧붙여서 사람들을 더욱 힘들게 했습니다. 그러한 조항들이 성경에서 말하는 장로들의 전통 또는 유전이라 불리는 부분입니다.

> 바리새인들과 또 서기관 중 몇이 예루살렘에서 와서 예수께 모여들었다가 그의 제자 중 몇 사람이 부정한 손 곧 씻지 아니한 손으로 떡 먹는 것을 보았더라 (바리새인들과 모든 유대인들은 장로들의 전통을 지키어 손을 잘 씻지 않고서는 음식을 먹지 아니하며 또 시장에서 돌아와서도 물을 뿌리지 않고서는 먹지 아니하며 그 외에도 여러 가지를 지키어 오는 것이 있으니 잔과 주발과 놋그릇을 씻음이러라) 이에 바리새인들과 서기관들이 예수께 묻되 어찌하여 당신의 제자들은 **장로들의 전통을** 준행하지 아니하고 부정한 손으로 떡을 먹나이까(막 7:1-13).

그 외에도 안식일에 무거운 물건을 들어 올리는 것을 일하는 것으로 적용했고, 길을 가다가 밀 이삭을 손으로 비벼서 먹는 것은 타작하는 행위로 적용했습니다. 그러다 보니 자기 집에서 송아지가 구덩이에 빠지면 얼른 구해주면서도 예수님이 안식일에 손 마른 사람이나 중풍 환자를 고치신 것은 의료행위로 적용하고 안식일을 어겼다고 정죄하며 예수님을 잡아 죽이려 한 것입니다.

예수님이 안식일의 주인이라 하심은 무슨 뜻일까요?

우리는 예수님의 태도를 통해 이스라엘이 지키고 있었던 안식일의 개념이 바뀌었다는 것을 알아차릴 수 있습니다. 하나님이 이스라엘에 안식일을 지키라고 주셨던 것은, 단지 6일 동안 열심히 일하고 하루를 쉬라는 의미만은 아니었습니다. 안식일 역시 장차 오셔서 우리에게 참 안식을 주실 그리스도를 나타내는 그림자이자 모형이었습니다.

그렇다면 무엇이 참 안식일까요?

마음이 무거운 죄와 여러 문제로 복잡하게 얽혀 많은 불안과 스트레스를 겪고 있는 사람에게 온종일 일하지 않고 몸을 쉬게 한다고 해서 정말 쉼이 될까요?

스트레스는 쉰다고 해서 풀리지 않습니다. 그러므로 안식일은 안식에 대한 그림자일 뿐 참 안식을 주지는 못합니다.

어느 날, 주께서는 죄로 인해 38년 동안이나 중풍에 걸려 젊음의 때를 고통에 신음하며 소망 없이 살던 사람을 찾아가셔서 그를 죄와 질고에서 해방해 주셨습니다. 중풍 병자에게 이것은 안식이요 해방이며 구원이었습니다. 예수님이 안식일에 중풍 병자와 손 마른 자를 자유하게 하심은 예수님이 바로 참 안식을 주시는 분이라는 것을 나타내려는 것이었습니다.

우리는 안식일의 본래 의미를 천지창조에서 찾아볼 수 있습니다(창 2:2-3). 하나님이 6일 동안 천지창조를 마치신 후 제 칠일에는 안식하셨습니다. 7은 완전 숫자입니다. 6일 만에 땅의 모든 일을 이루시고 7일에는 안식하신 것입니다. 이것이 창조주 하나님의 안식입니다(출 20:11). 아담은 6일에 창조되었으므로 아무 일을 하지 않고 바로 하나님과 함께 안식을 맞이합니다.

에덴동산은 아담이 살기에 완벽했습니다. 부족한 것이 없었습니다. 풍성한 과일과 채소만으로도 먹거리는 충분했습니다. 추위나 더위도 없었고 사나운 짐승들의 위협도 없었으므로 특별히 집이 필요하지 않았습니다. 벌거벗고 살았으므로 옷에 대한 염려도 없었습니다.

그가 선악을 알게 하는 나무의 열매를 따 먹기 전까지는 수고로이 일할 필요도 없었고, 죄 때문에 마음의 고통을 짊어져야 할 필요도 없었습니다. 모든 것이 완벽한 동산에서 그의 영·혼·육은 하나님과 함께 자유와 평화와 안식을 누리기만 하면 되었습니다.

그런데 아담이 언약을 어기고 하나님에게 반역함(호 6:7)으로 이 땅 위에 임해 있었던 하나님의 안식을 깨뜨립니다. 안식의 땅 에덴동산에서 쫓겨납니다. 그는 안식의 처소를 잃어버리고 그때부터 고된 노동을 해야만 먹고 살게 되었습니다. 게다가 죄의 짐에 눌려 두려움과 고통 가운데 사는 인생이 되었습니다. 이제 육신적으로나 영적으로 안식을 누리지 못하게 된 것입니다.

하나님이 이스라엘 백성에게 안식일을 주신 것은, 하나님 안에서 안식하는 것이 얼마나 복된 것인지 그 맛보기라도 보여 주셔서 참 안식의 때가 있음을 알게 하시고, 또 그 안식을 사모하게 하려고 주신 것이었습니다.

아담의 불순종 이후, 사람은 안식하지 못하고 죄와 질병과 삶의 문제로 무거운 짐을 지고, 고통 가운데 살고 있습니다. 그런 우리에게 영원한 안식을 주시기 위해 그리스도께서 오셨고 자기의 안식으로 우리를 초청하십니다.

> 수고하고 무거운 짐 진 자들아 다 내게로 오라 내가 너희를 쉬게 하리라 나는 마음이 온유하고 겸손하니 나의 멍에를 메고 내게 배우라 그리하면 너희 마음이 쉼을 얻으리니 이는 내 멍에는 쉽고 내 짐은 가벼움이라 하시니라(마 11:28-29).

무거운 삶의 짐에서 벗어나는 것이 참 안식입니다. 예수님 안에서 우리는 이러한 안식을 누릴 수 있습니다. 아무리 중한 죄나 큰 위험 가운데 우리가 있을지라도, 주께 나아가면 그 모든 짐을 내려놓고 쉼을 누릴 수 있습니다. 심지어 사망의 골짜기와 눈물의 골짜기를 지나는 중에라도 우리의 영혼은 주 안에서 자유와 평강을 누릴 수 있습니다. 이것은 결코 세상이 줄 수도 없고 빼앗을 수도 없는 우리 영과 혼의 안식입니다.

대표적인 예로 스데반을 볼 수 있습니다. 스데반은 성난 군중에 붙잡혀 공회에 서게 됩니다. 그런데도 그는 두려워하지 않고 오히려 복음 전할 기회를 포착합니다. 군중을 향하여 "선지자들이 오리라 예언한 그리스도"를 잡아 죽인 그들의 죄를 책망합니다.

그는 세상 권력을 두려워하지 않았습니다. 성전으로 인해 온갖 권세와 영광을 누리는 대제사장 앞에서, 하나님은 이 성전에 계시지 않는다고 말하며 그들을 책망합니다. 그 말을 듣고 양심에 찔림을 받은 군중들은 살기등등하여 이를 갈며 스데반을 죽이려고 합니다.

스데반이 자기 생명을 주께 맡기며 하늘을 우러러볼 때, 하늘이 열리고 보좌에서 일어나신 주님을 봅니다. 주님은 스데반의 용기에 감동하셨고 그 될 일을 아시므로 보좌에서 벌떡 일어나 안타까운 마음으로 사랑하는 아들의 순교를 지켜보신 것입니다(행 7:51-53).

스데반은 돌에 맞아 죽으면서도 아무런 두려움 없이 자신의 영혼을 주께 의탁하며 영광스럽게 죽음을 맞이합니다. 죽음의 위협도 스데반에게서 평온함을 빼앗지 못했습니다. 주안에서 온전한 안식을 누리고 있었기 때문입니다. 안식일은 이렇게 그리스도로 말미암아 완성된 것입니다.

예수님이 안식일의 주인이며 우리에게 참 안식을 주시는 분입니다. 구약의 안식일은 장차 오실 예수님을 나타내는 그림자(모형)였던 것입니다. 이제 그 실체가 왔으니 우리에게 더 이상 모형은 필요하지 않습니다. 쉽게 말해 안식일이나 율법이 모델 하우스라면 예수님은 주택 그 자체입니다.

예수님이 내 안에 거하고 나는 예수님 안에 거하므로(요 15:1-12) 주님과 더불어 매일 매 순간 어떤 상황 가운데서도 안식을 누리며 삽니다. 주님을 믿고 사랑하기에 그 어떤 것도 두렵지 않습니다.

마태는 그의 복음서 11장 끝에서 예수님이, 수고하고 무거운 짐 진 자들을 자신의 안식으로 들어오도록 초청하신 일을 기록한 후, 곧이어 12장에서는 예수님과 바리새인들 사이의 안식일 논쟁을 기록하고 있습니다.

예수님은 안식일이 아닌 다른 날에 얼마든지 중풍 병자나 손 마른 사람, 또 날 때부터 맹인 된 자를 고쳐 주실 수 있었을 것입니다. 그런데 굳이 바리새인들과 충돌이 있을 것을 아시면서도 그날에 고치셨던 것은 안식일과 참된 안식에 대해 이처럼 우리에게 가르쳐 주시려 한 것입니다.

안식을 누리는 데에도 한 가지 조건이 있습니다. 그것은 주의 계명에 순종하는 것입니다. 아담이 안식을 빼앗긴 것은 불순종 때문이었습니다. 이스라엘 백성도 광야에서 불순종했던 자들은 안식의 땅, 가나안에 들어가지 못했습니다. 우리가 주께 순종하고 있는지 불순종하고 있는지, 또는 주 안에 있는지 아니면 밖에 있는지, 진단해 볼 수 있는 척도는 다음의 두 가지입니다.

내 속에 하나님을 향한 사랑이 있는가?

그리고 다른 이들을 사랑하는 마음이 있는가?

하나님을 사랑하는 사람은 이웃을 사랑합니다. 이러한 사랑이 지금 여러분에게 있다면 여러분의 마음은 매우 평온할 것이며 그것은 여러분이 주님의 안식 안에 있다는 표입니다.

지금 우리는 여러 면에서 매우 어려운 때를 살고 있습니다. 사탄은 자기 때가 얼마 남지 않은 것을 알기에 할 수만 있으면 우리를 그리스도의 사랑에서 끊어 놓으려고 온갖 수단을 동원할 것입니다.

특히, 가까운 사람들과의 관계를 통해 우리의 마음을 공격합니다. 우리 마음에 하나님을 향한 불평이나 불만, 원망 또는 사람에 대한 미움이나 판단, 시기, 질투와 같은 감정으로 마음이 어두워지면 안식을 누릴 수 없기 때문에 마귀가 우리의 안식을 빼앗지 못하도록 마음 밭을 잘 지키고 관리할 필요가 있습니다.

> 모든 지킬 만한 것 중에 더욱 네 마음을 지키라 생명의 근원이 이에서 남이니라(잠 4:23).

5. 새 언약과 십일조

십일조 제도에 대해서도 의견이 분분합니다. 십일조도 하나님이 이스라엘 백성에게 주신 율법의 한 부분이므로 새 언약 안에서 새롭게 풀어 보아야 할 것입니다. 십일조는 하나님의 성전에 필요한 경비를 충당하며, 과부와 고아 등 가난한 이들을 돕기 위한 것이었습니다. 이런 경우 일반인들의 모임에서는 모두 공평하게 회비로 경비를 충당합니다.

그런데 왜 하나님은 이스라엘 백성에게 회비처럼 일정한 금액이 아닌 십의 일을 드리라고 했을까요?

십일조는 하나님의 지혜입니다. 부자나 가난한 자나 모두를 균등하게 하시려는 하나님의 뜻입니다. 하나님에게는 금액이 중요하지 않습니다. 천만 원을 드린 사람이나 만 원을 드린 사람이나 액수에 상관없이 하나님에게는 십일조일 뿐입니다.

우리의 조세법도 바로 이와 같은 형태를 띠고 있습니다. 수입에 비례하므로 소득이 많은 사람은 많이 드리게 되고 수입이 적은 사람은 적게 드리는 것이니 공평합니다.

십일조는 자신의 수입에서 십분의 일을 드리는 것이니 액수에 차이만 있을 뿐 십일조를 할 수 없는 사람은 없을 것입니다. 수입이 적은 사람이나 많은 사람이나 하나님을 섬기는 일에 대해 똑같은 기쁨을 누릴 수 있습니다. 아무도 불평할 수가 없습니다.

이것을 신약에서는 어떻게 이해하는 것이 좋을까요?

십일조에 대해 예수님이 바리새인과 관련하여 한번 언급하셨습니다.

> 화 있을진저 너희 바리새인이여 너희가 박하와 운향과 모든 채소의 십일조는 드리되 공의와 하나님에 대한 사랑은 버리는도다 그러나 이것도 행하고 저것도 버리지 말아야 할지니라(눅 11:42).

이 말씀은 예수님이 십일조에 대해 가르치려고 말씀하신 것이 아니라 율법대로 행한다고 하는 바리새인에게 그의 위선을 꾸짖으며 하신 말씀이기 때문에 십일조에 대한 주님의 공식적인 입장이라고 할 수는 없습니다.

분명 우리는 율법에서 해방되었으니 십일조나 헌금도 어떤 의무감으로 하는 것은 바람직하지 않습니다. 이것도 하나님 사랑과 이웃 사랑이라는 새 언약 안에서 이해하는 것이 바람직합니다.

오늘날에도 교회 공동체의 기능(교육, 전도, 선교, 구제 등)을 유지하기 위해 재정이 필요합니다. 초대 교회 성도들은 십일조 정도가 아니라 자신의 모든 재산을 팔아서 교회로 가져와 가난한 성도들에게 필요에 따라 나누어 주었습니다. 의무감이 아니라 기쁨과 감사로 드렸던 것입니다.

왜 그랬을까요?

나에게 생명을 주시고 또 나를 구원해 주신 하나님의 은혜에 너무 감사해서 하나님에게 드리고 싶었고, 또 드릴 수 있어서 기뻤던 것입니다. 하나님은 즐겨내는 것을 기뻐하십니다. 십일조나 기타 헌물은 하나님에게 드리는 것이지 사람에게 하는 것이 아닙니다. 하나님은 무엇이 부족해서 우리에게 헌금을 요구하지 않습니다.

우리가 드리는 헌물은 하늘 창고에 쌓입니다. 썩을 것으로 심지만 후에 썩지 않을 것으로 거두어들입니다. 하나님은 우리에게 상 주시기 원하십니다. 우리가 이같은 믿음으로 드릴 때 기쁘게 열납하십니다.

사실 우리가 가진 것의 십의 일 정도가 아니라 전부가 하나님의 것입니다. 우리가 가지고 누리는 것 전부가 주님의 것이므로 주님이 필요로 할 때는 언제나 지갑을 열 수 있는 마음을 갖는 것입니다.

내가 수고해서 벌어들인 재물이라 해서 십일조만 딱 떼어서 드리고 나머지는 오직 자신을 위해 흥청망청 쓰거나 혹은 잔뜩 쌓아 두고서 가난한 이웃이나 몸 된 교회의 필요에 인색하다면 정말 자신이 주님을 사랑하는지 돌아볼 필요가 있습니다. 그러나 자신의 미래를 위해 어느 정도 준비해 둘 필요는 있을 것입니다.

　재물에 대해 우리가 가져야 할 바른 태도는 청지기적인 자세입니다. 재물은 물론 내 생명과 자녀도 주님의 것인데 나에게 잠시 관리하도록 맡기셨다는 것입니다. 내게 주신 모든 수입은 나의 필요를 아시고 채워주시는 주님이 주신 것입니다. 나를 위해 지출하는 것도 주를 위해 하는 것입니다. 내 것이 아니니 적당히 절제하고 적당히 저축하며 선하게 관리해야 할 필요가 있습니다.

　그리고 나에게 재물 얻을 능을 주셔서 많은 재물을 얻게 되었다면 상대적으로 그렇지 못한 사람들을 향하여 자비와 긍휼의 마음으로 베푸는 것이 이웃 사랑입니다.

　우리가 십일조를 하느냐, 마느냐로 논쟁하는 것은 하나님 앞에서 부끄러운 일입니다. 하나님의 은혜를 아는 사람들은 십일조뿐 아니라 내가 가진 모든 것이 주의 것임을 인정하는 사람들이기 때문입니다.

　이 부분도 교회가 성도들을 제대로 가르치지 못했던 잘못이 매우 큽니다. 마치 십일조를 구약의 개념처럼 의무적인 것으로 이해하게 만들었습니다.

　어떤 교회들은 십일조를 안 하면 천국에 갈 수 없다고 위협하기까지 합니다. 율법적으로 성도들에게 짐을 지움니다. 경제적으로 도움이 필요한 가난한 사람들은 교회에 나올 엄두도 내지 못하는 것이 오늘날 우리 교회의 현실이 되고 말았습니다. 예수님은 가난한 자들에게 하나님의 나라를 우선적으로 주기 원하시는데(눅 6:20; 약 2:1-5) 우리 교회는 가난한 사람들을 쫓아내고 있는 것입니다.

또 우리가 하나님의 은혜에 감사해서 자원하는 마음과 기쁨으로 십의 일이나 기타 헌금을 한다면 그것은 하나님이 받으실만한 향기로운 예물입니다. 아직 믿음으로 할 수 없다면 억지로 하기보다는 자신의 믿음이 자랄 때까지 기다리는 것이 좋을 것입니다. 다른 사람들이 하는 것을 보고 자기들도 마지못해 재물을 드리다가 큰 화를 당했던 아나니아와 삽비라를 보고 우리는 교훈을 삼아야 할 것입니다.

자기 믿음의 분량대로 하나님을 섬기는 것이 지혜입니다. 빚이 있는 사람들은 다 갚을 때까지는 십일조를 하지 못한다고 해서 문제 될 것은 없다고 생각합니다. 그러나 믿음이 있으면 그런 중에도 기쁨으로 하나님에게 드릴 수 있습니다. 어떤 이들은 오히려 교회의 도움을 받아야 할 상황일 수도 있을 것입니다.

교회 안에 여러 종류의 성도들이 있습니다. 성숙한 사람들은 교회의 살림을 챙기며 무엇이 필요한지를 알고 그것을 보충하려는 마음을 갖습니다.

그러나 아직 어린 성도들은 아무리 신앙 연조가 오래되었다고 할지라도 교회나 다른 이들의 필요에 관심이 없습니다. 희생하거나 헌신하려 하지 않습니다. 수입이 많을 때는 자신과 자기 가족을 위해 사용하기 바쁘고 수입이 적을 때는 모자라서 못합니다. 몸 된 교회나 궁핍한 이들의 필요에 대해서는 눈을 감아버립니다.

하나님 보시기에 누가 사랑스러울까요?

하나님은 우리 마음의 중심을 보십니다. 우리가 재물에 대해 선한 청지기적인 자세를 가지면 주께서는 그런 우리를 믿고 재물을 쏟아부어 주실 것입니다. 우리는 부자 청년의 이야기에서 재물에 대한 하나님의 뜻을 찾을 수 있습니다(마 19:16-26).

한 부자 청년이 영생을 얻고 싶어서 예수님에게 옵니다. 그는 어려서부터 율법을 잘 지켰지만, 자신이 영생을 얻었는지 확신이 없었습니다. 마음이 공허했습니다. 어느 날 예수님에게 나아와 구원 상담을 합니다. 예수님은 그가 율법을 잘 지켰다고 인정해주셨습니다. 당연히 십일조도 성실하게 했을 것입니다.

그런데 주님은 그 성실한 청년에게 말씀하시길, "네게 한가지가 부족하다. 십일조뿐 아니라 네 재물을 모두 팔아서 가난한 자들에게 나누어 주고 너는 나를 따르라"고 하십니다. 그런데 그는 재물을 포기할 수 없었고, 슬퍼하며 예수님을 떠났습니다.

주께서는 왜 부자 청년에게 소유물을 모두 나누어주라고 했을까요?
우리도 주님을 따르려면 부자 청년처럼 가난한 자들에게 모든 소유를 나누어 주어야 한다는 뜻일까요?
그래야 영생을 얻는다는 말씀일까요?

특히, 재물이 많은 분들은 이 부자 청년의 이야기를 매우 부담스러워합니다. 부자 청년에게 주님이 그렇게 말씀하신 것은 그 청년의 마음에 재물이 우상이었기 때문입니다. 탐욕입니다.

그는 율법은 잘 지키고 있었지만, 하나님보다 재물을 더 사랑하고 있었기 때문에 재물을 다 버리고 주님을 따르라고 한 것입니다. 그는 영생을 얻고 싶었지만 재물을 사랑함이 하나님을 사랑함보다 더 컸기 때문에 주님의 명령에 순종할 수가 없었습니다. 베드로와 요한 등 열두 제자들은 모든 소유를 버려두고 예수님을 따라나섰지만 그는 많은 재물에 발목이 잡혀 주님을 따르지 못했던 것입니다.

주님은 우리에게도 말씀하십니다.

> 네 보물 있는 그 곳에는 네 마음도 있느니라 … 한 사람이 두 주인을 섬기지 못할 것이니 혹 이를 미워하고 저를 사랑하거나 혹 이를 중히 여기고 저를 경히 여김이라 너희가 하나님과 재물을 겸하여 섬기지 못하느니라(마 6:21, 24).

재물에 대해 청지기적인 생각으로 사는 사람들은 가난한 형제를 보거나 또 주의 일을 위해 필요하다는 감동이 오면 기쁨으로 자기 소유를 주께 내어 드립니다. 되돌려 받을 거라는 생각조차 없이 드리는데도 시간이 흘러 돌아보면 주께 드린 것보다 훨씬 더 채우신 것을 알게 됩니다.

믿음이 있다고 하는 사람들이 하나님에게 드리기에 인색하고, 어려운 부모 형제를 돕는 일에 무심하다면 자신이 정말 하나님을 사랑하는지 그리고 이웃을 사랑하는지 자기의 마음을 점검해 볼 필요가 있습니다.

사람의 의지로는 재물보다 하나님을 더 사랑할 수가 없습니다. 주님도 낙타가 바늘귀를 통과하는 것만큼이나 어려운 일이라고 하셨습니다. 그러나 성령께서 우리 안에 계시면 가능합니다. 물질에 대한 태도는 우리 신앙의 진실성을 가늠해 볼 수 있는 중요한 척도가 될 것입니다.

반면에 지나치게 재물 관리에 대해 율법적인 성도들이 있습니다. 어떤 단체에서는 매월 들어오는 재정을 다 쓰고 월말에는 제로로 만든다고 자랑스럽게 말하는 것을 보았습니다. 그때그때 필요를 채워 주시는 하나님을 믿고 경험하며, 또 땅에 재물을 쌓아 놓지 말라는 말씀에 순종하려는 좋은 뜻에서 하는 것으로 생각합니다.

그러나 하나님이 땅에 재물을 쌓아 놓지 말라고 하시는 것은 자기가 쓰고도 남을 정도로 자기만을 위해 지나치게 쌓아 놓지 말라는 말씀이지 자녀 교육이나 노후를 위해 또는 특별히 필요할 때를 위해서 돈이 있을 때, 어느 정도 저축해 둘 필요가 있는 것입니다. 풍년이 왔을 때 늘 그런 시절이 올 것처럼 생각하고 다 써버릴 것이 아니라, 흉년의 때를 대비하여 저축도 필요한 것입니다.

중요한 것은 재물에 대해 선한 청지기적인 자세가 필요한 것이지 지나친 문자적인 해석은 재물에 대해 잘못된 믿음을 갖게 합니다. 간단하게 정리해 보겠습니다.

십일조를 하나님에게 드리는 것이 아깝습니까?

버겁게 느껴지고 부담이 되십니까?

이는 자신의 마음을 먼저 바로잡아야 합니다.

나에게 재물 주신 것이 감사하고 내게 주신 모든 것이 주님의 소유임을 인정하십니까?

그래서 그 믿음의 표로 최소한 십의 일을 주께 드리기를 원하십니까?

기쁨으로 드리십시오. 주님이 기뻐 받으실 것입니다. 보물이 있는 곳에 우리의 마음이 있기 마련입니다. 우리는 율법에서 자유로운 자들이지만 그렇다고 하나님을 가볍게 여기는 자들이 되어서는 안 될 것입니다. 과부의 두렙 돈이 부자의 거액의 헌금보다 주께 더 컸던 것처럼 주님은 액수가 아니라 우리의 마음 중심을 보십니다.

> 스스로 속이지 말라 하나님은 업신여김을 받지 아니하시나니 사람이 무엇으로 심든지 그대로 거두리라 자기의 육체를 위하여 심는 자는 육체로부터 썩어질 것을 거두고 성령을 위하여 심는 자는 성령으로부터 영생을 거두리라(갈 6:7-8).

> 제3장

율법의 기능과 믿음으로 말미암는 의

모세 이전 시대에는 하나님이 자기 사람들에게 율법을 주신 일이 없었고 또 안식일을 지키라고 명하신 적도 없었습니다. 노아, 아브라함, 이삭, 야곱 등, 하나님과 특별한 언약 관계에 있었던 사람들도 안식일 규정이나 율법 없이 하나님을 섬겼습니다.

그러나 정작 율법을 받은 이스라엘은 율법을 지키지 못하고 그 언약을 깨뜨렸습니다. 그 결과 징계를 받고 여러 나라로 포로되어 갔습니다.

하나님은 왜 이스라엘 백성에게 율법을 주셨을까요?

1. 이스라엘에게 왜 율법을 주셨는가

사도 바울은 말하기를 이스라엘에게 율법을 주신 것은 광야에서 그들이 불순종함으로 더하여진 것이라고 합니다(갈 3:19). 출애굽 당시 처음부터 율법을 명하신 것이 아니라 광야에서 그들의 지속적인 불평과 불순종 때문에 주셨다는 것입니다.

예레미야 선지자도 동일한 말을 합니다.

> 사실은 내가 너희 조상들을 애굽 땅에서 인도하여 낸 날에, 번제나 희생에 대하여 말하지 아니하며 명령하지 아니하고 오직 내가 이것을 그들에게 명령하여 이르기를 너희는 내 목소리를 들으라 그리하면 나는 너희 하나님이 되겠고 너희는 내 백성이 되리라 너희는 내가 명령한 모든 길로 걸어가라 그리하면 복을 받으리라 하였으나(렘 7:22-23).

출애굽 후 시내산에서 율법을 받기까지 그들이 어떻게 불순종했는지에 대해 출애굽기 16장에 잘 나타나 있습니다. 이스라엘 자손은 하나님이 애굽에 내린 열 가지 재앙을 통해 하나님만이 온 세계에서 홀로 유일한 참 신이라는 놀라운 사실을 경험했습니다. 그 큰 나라 애굽의 신들도 이스라엘의 하나님 앞에서는 아무것도 아니었습니다. 특히, 유월절 밤에 온 애굽 사람의 집에서 장자들이 모두 죽임을 당하여 집마다 통곡 소리가 터져 나왔을 때도 이스라엘 자손의 가정은 안전하게 보호받았습니다. 그들이 애굽 사람들보다 정직하거나 의로워서가 아니라 단지 하나님의 백성이기 때문이었습니다.

이스라엘 자손은 그런 큰 은혜를 경험한 후 애굽인들로부터 은금과 패물 등 온갖 보화를 취해 종살이하던 애굽을 무사히 탈출합니다. 그리고 광야로 들어가 이틀 밤을 지낸 후 홍해 바다 앞에 진을 치고 하룻밤을 더 지내게 됩니다.

그런데 그 무렵, 애굽의 바로 왕이 이스라엘 자손들을 내어 보낸 것을 후회하고 군대를 동원하여 다시 그들을 추적해 옵니다. 뒤에서 애굽 군대가 추격해 오고 있는데, 앞으로는 깊은 바다요 좌우는 거친 광야입니다. 이스라엘 자손은 그야말로 진퇴양난에 빠졌습니다.

이때 이스라엘 자손은 어떻게 반응했나요?

그들은 하나님의 도우심을 바라며 잠잠히 기다린 것이 아니라 모세를 대적하며 원망합니다(출14:11). 불과 사흘 전 애굽의 극한 종살이에서 놀라운 이적과 기사를 베풀어 주신 하나님의 은혜를 기억하지 못했습니다.

> 그들이 또 모세에게 이르되 애굽에 매장지가 없어서 당신이 우리를 이끌어 내어 이 광야에서 죽게 하느냐 어찌하여 당신이 우리를 애굽에서 이끌어 내어 우리에게 이같이 하느냐 우리가 애굽에서 당신에게 이른 말이 이것이 아니냐 이르기를 우리를 내버려 두라 우리가 애굽 사람을 섬길 것이라 하지 아니하더냐 애굽 사람을 섬기는 것이 광야에서 죽는 것보다 낫겠노라 (출 14:11-12).

또 홍해를 육지처럼 건너며 하나님의 살아계심과 구원의 큰 능력을 경험하고 겨우 한 달이 되던 때의 일입니다. 아무것도 없는 광야를 지나던 이스라엘 자손들은 애굽 땅에서 고기 먹던 일을 추억하며, 먹을 것이 없다고 모세와 아론을 원망합니다.

하나님은 그들의 원망함을 들으시고, 아침에는 만나를 내려주시고, 저녁에는 메추라기를 보내셔서 배불리 먹게 하십니다. 그리고 이번에는 이스라엘 자손이 하나님이 말씀하신 명령을 지키는지 지키지 않는지를 시험해 보려 하십니다.

> 그 때 여호와께서 모세에게 이르시되 보라 내가 너희를 위하여 하늘에서 양식을 비같이 내리리니 백성이 나가서 일용할 것을 날마다 거둘 것이라 이같이 하여 그들이 내 율법을 준행하나 아니하나 내가 시험하리라(출 16:4).

이스라엘 자손에게 매일 들에 나가서 가족들이 그날 하루에 다 먹을 만큼의 분량만 거두라고 명하십니다. 그리고 그것을 당일에 다 소비하고 다음 날을 위해서 남겨 두지 말라고 하십니다.

그런데 이스라엘 중에는 그 명령을 무시하고 이틀까지 남겨두었다가 썩게 하는 일이 발생했습니다. 그리고 육일 째는 이틀의 분량을 거두어서 다음날까지 먹고, 제 칠일에는 밖으로 나오지 말고 안식하라고 명령하십니다. 이렇게 안식일이 처음 시작됩니다.

그런데 백성 중에 또 어떤 이들은 제 칠일에도 만나를 거두러 나갔다가 빈손으로 돌아옵니다. 하나님의 말씀을 가볍게 여기고 순종하지 않았습니다.

이들이 왜 그렇게 말씀대로 행하지 않았을까요?

하나님을 믿지 못했기 때문입니다. 하나님은 이스라엘 자손이 매일 매일 하나님을 의지하게 하려고 만나를 하루

분량씩만 거두라고 하신 것인데, 행여 내일은 만나가 내리지 않을까 봐 미리 챙겨 두려고 욕심껏 거두었습니다. 또 여섯째 날에는 이틀분을 줄 테니 충분히 거두어들이고 제 칠일에는 만나를 거두러 나오지 말고 안식하라고 하셨는데, 그 명령에도 순종하지 않고, 백성 중에서 더러는 칠일 아침에도 만나를 거두러 나옵니다. 이런 단순한 명령도 도무지 귀담아듣지 않았습니다.

우리 말에 순하고 착한 사람을 일컬어, "저 사람은 법 없어도 살 사람이야"라고 말합니다. 법은 사회를 어지럽히는 자들을 처벌함으로써 사회의 안녕과 질서를 유지하기 위해서 존재합니다. 그러므로 모두가 질서를 잘 지키고 이웃을 배려하는 선량한 사람들만 사는 사회라면 굳이 법을 만들 필요가 없을 것입니다.

하나님은 아브라함과 이삭과 야곱에게는 안식일 규정이나 다른 율법 조문들을 지키라고 주신 적이 없었습니다. 왜냐하면, 그들은 하나님을 믿었고 말씀에 순종했기 때문입니다. 알아서 잘 순종하는 이들에게 별도의 법을 주실 필요가 없었던 것입니다.

이스라엘 자손은 달랐습니다. 그들은 출애굽 후, 시내산에 이르기까지 3개월 동안 매번 하나님을 거역하며 불순종했습니다. 그들에게 베푸신 큰 은혜들을 쉽게 잊어버리고, 광야를 지나는 동안 어려운 일들을 만날 때마다 믿고 기다리기보다는 불평과 불만을 터뜨리며 모세와 하나님을 원망했습니다. 하나님은 그런 이스라엘 자손을 향하여 '너희가 그렇게 정당하고 의로우면 너희 스스로 이 율법을 지켜보아라. 그러면 내가 너희를 의롭다고 인정해 주겠다'라는 뜻으로 율법을 주셨던 것입니다.

시내 광야에 이르렀을 때, 이스라엘 자손은 거기서 1년 정도 머무르며 하나님과 언약을 맺습니다. 하나님은 모세에게 그 언약 내용을 세세하게 모두 기록하라고 명령하십니다. 말하자면 율법은 언약서 또는 계약서입니다.

다른 한편으로 율법은 이스라엘이 가나안에 들어가 나라를 형성했을 때 하나님의 나라(통치)의 근간을 세우도록 주신 것입니다.

> 세계가 다 내게 속하였나니 **너희가 내 말을 잘 듣고 내 언약을 지키면** 너희는 모든 민족 중에서 내 소유가 되겠고 너희가 내게 대하여 제사장 나라가 되며 거룩한 백성이 되리라 너는 이 말을 이스라엘 자손에게 전할지니라(출 19:6).

하나님은 세상의 수많은 나라 중에서 아직 영토를 얻지도 못한 작은 족속, 이스라엘 자손을 택하여 그들을 하나님의 거룩한 백성이며 제사장 나라가 되게 하시겠다고 약속하십니다. 그렇게 되는 조건이 바로 말씀을 잘 듣고 순종하는 것이었습니다.

모세가 율법을 기록하여 백성들 앞에서 한 조항씩 낭독할 때마다 이스라엘 자손은 그 말씀을 잘 지키겠다고 "아멘"으로 자신 있게 응답했습니다.

그 후 이스라엘 백성들은 언약을 잘 지켰을까요?

수년 전 선교지에서 실제로 경험했던 일입니다.

여러 제자 중에 좀 더 열심 있고 잘 알아듣는 두 사람이 있었는데, 저는 그들을 사역의 리더로 세우기 위해 매일같이 지내며 집중적으로 훈련하고 있었습니다.

그런데 그중 하나는 영리하기는 한데 종종 말이 되지 않는 핑계를 대며 지각을 하기도 하고 또 저를 시험하려 하는 것이었습니다. 그를 바로 잡기 위해 두 사람을 불렀습니다. 앞으로 말씀에 좀 더 집중하고 주께 삶의 우선순위를 두자고 권면하며, 함께 의논하여 세부적인 규칙을 세웠습니다.

그리고 그 규칙을 잘 보이는 게시판에 붙여 놓게 했습니다. 규칙을 이행하지 못하는 친구와는 더 이상 함께 가지 않겠다고 선언했습니다. 두 사람도 좋다고 자신 있게 동의했습니다.

저는 생각하기를, '이렇게 하면 저 형제가 더 이상 핑계를 댈 수 없으니 잘 따라오겠지?' 생각했습니다.

그 결과는 어땠을까요?

그는 더 잘하기는커녕, 자신의 입장을 정당화하려고 함께하던 자매를 자기편으로 끌어들이더니 마침내 저를 대적하는 것이었습니다. 그때 저는 성령님의 도우심으로 그의 행위들을 하나하나 관찰하고 있었기 때문에 위기를 잘 넘길 수 있었습니다.

그 후, 자매는 크게 회개하고 돌이켜서 지금은 사역 전체를 지휘하는 리더가 되었지만, 형제는 진심으로 회개하지 않았기 때문에 당시 사역팀에서 퇴출당했습니다.

이스라엘 자손이 바로 하나님 앞에서 그와 같은 경우에 해당합니다. 그들이 계속하여 불평불만을 터뜨리며 거역했기 때문에 하나님이 법을 정하여 그들과 조건부 계약을 맺었던 것입니다. 그 계약을 지키면, 이스라엘을 세계에서 으뜸가는 제사장 나라로 만들어주겠다고 약속을 하셨습니다. 이스라엘 백성은 하나님의 제안을 받아들였고, 시내산 하나님의 영광 앞에서 짐승의 피를 가지고 모든 회중이 엄숙한 언약식을 거행했습니다.

이스라엘 자손은 그 율례와 명령들을 잘 지켰을까요?

아주 쉬운 명령도 지키지 못했는데, 어떻게 더 복잡하고 세세한 율법의 조항들을 지킬 수 있었겠습니까?

오히려 복잡한 조항들로 말미암아 죄의 무거운 짐에 눌리게 되었습니다. 하나님은 이스라엘 자손이 율법을 지킬 수 없다는 것을 이미 아셨습니다. 사실 그들에게 율법을 주신 속마음은 따로 있었습니다.

2. 율법의 유익은 무엇인가

율법은 주의 계명과 마찬가지로 그 자체는 선하고 의로운 것이나 이스라엘은 율법을 지킬 수 없었습니다. 하나님이 의도하신 율법의 역할과 기능은 따로 있었습니다. 율법을 통해 죄로 죄 됨을 깨닫게 하시려는 것입니다.

> 우리가 알거니와 무릇 율법이 말하는 바는 율법 아래에 있는 자들에게 말하는 것이니 이는 모든 입을 막고 온 세상으로 하나님의 심판 아래에 있게 하려 함이라 그러므로 율법의 행위로 그의 앞에 의롭다 하심을 얻을 육체가 없나니 율법으로는 죄를 깨달음이니(롬 3:19-20).

율법이 탐심은 죄라고 말하기 때문에 우리가 탐심이 죄라는 것을 알게 되고, 음란이 죄라고 말하기 때문에 음란이 죄라는 것을 우리에게 깨닫게 하는 기능이 있다는 것입니다(롬 7:7).

하나님은 그들 스스로의 힘으로는 의롭게 될 수 없는 죄인이라는 것을 깨닫게 하시려고 율법을 주신 것이었습니다. 그들이 율법 하나하나는 지킬 수 있을지 모르나 그 모든 조항을 다 지킬 수는 없었습니다.

그런데 그 많은 조항 중 하나라도 어기면 하나님 앞에 범법자가 되는 것입니다. 하나님이 이스라엘로 하여금 인간은 율법을 지킬 수 없는 연약한 존재라는 것을 깨닫게 하려는 것이었습니다. 죄 때문에 심판받고 죽을 수밖에 없는 존재임을 인정하고 겸손하게 아버지께 나아와 자비와 긍휼을 구하는 태도, 이것이 이스라엘에 율법을 주신 참뜻이었습니다.

다윗왕은 이러한 하나님의 마음을 잘 알았기에 크게 범죄했을 때, 율법에 따라 번제와 속죄제를 드린 것이 아니라, 자비로우신 하나님에게 나아가 상하고 통회하는 마음으로 기도했습니다. 그는 진실로 하나님의 뜻을 아는 자였고 아버지의 마음에 합 한 사람이었습니다.

> 주께서는 제사를 기뻐하지 아니하시나니 그렇지 아니하면 내가 드렸을 것이라 주는 번제를 기뻐하지 아니하시나이다 하나님이 구하시는 제사는 상한 심령이라 하나님이여 상하고 통회하는 마음을 주께서 멸시하지 아니하시리이다(시 51:16-17).

그 누구도 스스로의 행위로 의롭게 될 수 없습니다. 율법에 속한 이스라엘이든 율법과 상관없는 이방인이든 행위로서는 아무도 의롭게 될 수 없다고 성경은 선언합니다(롬 3:10-12).

그러므로 우리가 범죄하여 하나님과의 관계에 막힘이 있고 하나님의 임재를 느끼지 못할 때 우리가 할 수 있는 것은, 다윗처럼 하나님 앞에 나아가 가슴을 찢고 통회 자복하며 기도하는 것입니다.

그러면 언약하신 대로 아버지께서 긍휼을 베푸사 우리의 영을 소생시켜 주십니다(사 57:15). 이렇게 우리의 영이 소생하면 하나님과의 관계가 회복되고 또 말씀대로 사는 것이 쉬워집니다. 마음에 할례를 받은 것입니다. 이스라엘 백성은 이 마음의 할례를 받지 않고 자기 행위로 율법을 지키려 했기 때문에 실패했던 것입니다.

하나님이 이스라엘에게 율법을 주신 궁극적인 목적은 그들이 스스로 어찌할 수 없는 죄인임을 깨닫고, 모세를 통해 약속하신 중보자이며, 아브라함에게 약속하신 언약의 씨를 겸손하게 받아들이게 하려는 뜻이었습니다.

> 그런즉 율법은 무엇이냐 범법하므로 더하여진 것이라 천사들을 통해 한 중보자의 손으로 베푸신 것인데 약속하신 자손이 오시기까지 있을 것이라(갈 3:19).

그러므로 사람이 죄에서 자유하게 되는 유일한 길은 죄 없는 그리스도께서 사람으로 오셔서 친히 율법을 완성하시고 끝내주시는 것이었습니다. 때가 되자 인류의 죄 문제를 완전히 해결하고 우리를 자녀로 되돌리기 위해 하나님이 자기의 독생자를 제2의 아담으로 보내신 것입니다.

때가 차매 하나님이 그 아들을 보내사 여자에게서 나게 하시고 율법 아래에 나게 하신 것은 율법 아래에 있는 자들을 속량하시고 우리로 아들의 명분을 얻게하려 하심이라(갈 4:4-5).

3. 믿음으로 말미암는 의

우리는 아브라함을 믿음의 조상이라고 부릅니다. 그는 믿음으로 의롭다함을 받았고, 또한 온전한 순종의 행위로 의인 됨을 이루었기 때문입니다. 우리가 아브라함의 믿음의 여정을 살펴보는 것은 오늘 우리의 믿음의 삶의 여정을 이해하는 데 매우 도움이 될 것입니다.

아브라함은 "네 친척 아비 집을 떠나라"는 하나님의 부르심을 받고 순종합니다. 아내와 조카 롯, 그리고 종들과 가축들을 이끌고 어디로 가야 할지 알지 못하는 상태에서 하나님의 음성을 따라나섭니다. 하나님이 아브라함에게 목적지를 알려주지 않았기 때문에 그는 가야 할 길을 알기 위하여 언제나 하나님만 바라보아야 했습니다.

가나안에 도착해서 정착할 무렵, 아들처럼 의지했던 조카 롯이 그를 떠나갔고, 이웃 나라들의 침공으로 포로 되어간 롯과 그의 가족을 구출하기 위해 아브라함은 다른 나라의 연합군들과 큰 전쟁을 치르게 됩니다.

그 전쟁에서 승리하기는 했지만, 언제 또다시 적들로부터 침략을 당할지 모르는 상황에서 아브라함은 두려웠습니다. 게다가 하나님이 아들을 약속하셨지만 나이가 들어가는데도 소식이 없어 마음이 어려웠습니다.

그런데 그때, 하나님이 환상 중에 아브라함에게 나타나십니다. 그를 이끌어 밖으로 나가 밤하늘의 별들을 보여 주시며, 그의 태에서 난 아들을 통해 그의 자손이 저 하늘의 별처럼 많을 것이라는 약속을 주십니다. 아브라함은 그 약속을 믿었고, 하나님은 그것을 의로 여기셨습니다(창 15:6).

아브라함은 이렇게 오직 하나님의 약속을 믿음으로 의롭다고 인정받았습니다. 히브리서에서는 아브라함과 사라의 믿음에 대해 이렇게 평가합니다.

> 믿음으로 아브라함은 부르심을 받았을 때 순종하여 장래의 유업으로 받을 땅에 나아갈새 갈 바를 알지 못하고 나아갔으며 … 이는 그가 하나님이 계획하시고 지으실 터가 있는 성을 바랐음이라 믿음으로 사라 자신도 나이가 많아 단산하였으나 잉태할

수 있는 힘을 얻었으니 이는 약속하신 이를 미쁘신 줄 알았음이라(히 11:8, 10-11).

그런데 저의 신앙생활 초기에는 위의 구절들을 읽을 때 좀 이해하기 어려웠습니다. 창세기를 통해 아브라함과 사라의 삶이 어떠했는지 알고 있었기 때문입니다. 그래서 이런 의문을 가졌습니다.

'아브라함과 사라의 믿음이 좋았다고?
가나안에 흉년이 들자 그는 애굽으로 내려갔다가 두려워서 아내를 누이라고 속이지 않았던가?
그런 행위를 두 번이나 반복하고, 자기 힘으로 아들을 얻기 위해 여종 하갈을 취하기도 하고, 또 천사가 방문하여 "내년 이맘 아들이 있으리라"고 말했을 때, 그것이 믿어지지 않아 거의 비웃지 않았던가?'

그런데 선교지에서 수년이 지난 어느 날, 그 의문이 풀어지는 경험을 했습니다.
어느 무더운 여름이었습니다.

저는 가족과 함께 더위를 식히려고 1박 2일로 바닷가에 갔습니다. 이튿날 새벽 동틀 무렵 일찍이 일어나 혼자서 아무도 없는 바닷가로 나와 주변을 거닐고 있었습니다. 바람이 세게 불고 있었고, 코앞에서는 제법 큰 파도들이 밀려왔다가 바위에 부딪혀 요란한 소리를 내며 부서지곤 했습니다.

가까이 다가왔다가 부서져 버리는 파도들은 마치 내 삶을 위협하며 다가오는 크고 작은 시련같이 느껴졌습니다. 내 삶이 세상의 거친 파도에 휩쓸려 가 버리면 어쩌나 하는 두려움이 밀려왔습니다. 그러다 문득 고개를 들어보니, 바다 저 멀리에 고요하게 일직선을 긋고 있는 수평선이 눈에 들어왔습니다.

바로 코앞에서는 이렇게 파도가 험악한데 저 멀리 하늘과 맞닿은 수평선은 처음부터 끝까지 일직선을 긋고 있는 것입니다. 그때, 문득 이런 생각이 들었습니다.

> 아하, 인생길도 이런 바다와 같지 않을까?
> 삶의 여정에서 때로는 크고 작은 어려움으로 인해 잘못된 길로 빠져 버릴 것 같은 위기의 순간들을 지나지만, 어떤 상황에서도 내가 이탈하지 않도록 우리 주께서 꼭

붙들어 주시리라. 아마도 먼 훗날 주님 앞에 설 때, 지나온 삶을 돌아보며 알게 되리라. 저 일직선을 달리고 있는 수평선처럼 나의 생애도 예수님과 함께 오직 하나의 목적 그 부르심의 소명을 향해 달려왔음을.

지금은 비록 이 성난 파도처럼 울퉁불퉁한 길을 걷고 있어도, 주님의 보이지 않는 손길이 나의 삶을 끝까지 인도해 주시리라. 주님을 얼굴과 얼굴로 만나는 날, 나는 이렇게 고백하리라.

"사랑하는 나의 주님!

주께서 저의 두 손을 꼭 잡고 여기까지 인도해 주셨습니다. 제가 여기까지 올 수 있었던 것은 오직 주님의 은혜입니다."

선교지에서 험난한 삶을 사는 동안, 크고 작은 실패와 실수를 경험하면서, 때때로 이러다가 내 믿음이 파선되면 어쩌나 하는 두려움이 밀려오곤 했었습니다. 환경을 바라보면 죽을 것만 같은데 주님을 바라보고 나아가면 길이 열렸습니다.

때때로 외롭고 힘들었지만, 주님이 주신 비전과 약속들이 있었기에 오로지 주님만 바라보며 묵묵히 견딜 수 있었습니다. 연약함으로 절망감이 밀려올 때도, 나는 실패하고 실수할 수 있지만 주님은 약속에 신실하신 분임을 믿으며 다시 일어서곤 했습니다. 위기의 순간마다 손 내밀어 주시는 주님의 은혜와 보호하심을 경험하게 되었고, 점차 주님을 향한 신뢰가 쌓여갔습니다.

지금껏 살아오면서 가장 두렵고 힘들었던 것은 십자가의 무게보다 십자가를 지는 과정에서 나의 허물과 죄로 말미암아 주님에게서 멀어지면 어쩌나 하는 두려움이었습니다.

그런데 시간이 흐르면서 터득하게 된 것은, 어떤 상황에서도 내가 오로지 주님만 의지하면 주께서 나의 실수조차도 언제나 책임져 주신다는 것입니다. 여러 가지 죄와 허물을 통해 주님을 더 깊이 알게 하시고 겸손케 하는 은혜가 있음을 깨닫습니다.

> 우리가 알거니와 하나님을 사랑하는 자 곧 그의 뜻대로 부르심을 입은 자들에게는 모든 것이 합력하여 선을 이루느니라(롬 8:28).

믿음의 조상 아브라함도 우리 보통 사람들과 다를 바 없는 연약하고 허물 많은 사람이었다는 것이 위로가 됩니다. 그가 믿음으로 의롭다고 인정받은 후에도 주님과 동행하는 동안 실수가 많았지만, 결국은 자기의 사랑하는 독자 아들을 드리기까지 최고의 믿음으로 성장한 것을 볼 수 있습니다.

아브라함은 그 놀라운 순종을 통해, 후에 자기 아들을 제물로 내어주신 하늘 아버지의 아픈 마음을 충분히 이해했을 것입니다. 그래서 하나님의 벗이라는 영광스러운 칭호를 받은 것 같습니다(사 41:8; 약 2:21-22).

아브라함은 믿음으로 구원을 받았고 행함으로 그 구원을 온전히 이룬 것입니다. 그는 자녀가 하나도 없는 상황에서도 하나님이 네가 많은 민족의 조상이 될 것이라고 하셨을 때 그것을 믿었습니다. 아들에 대한 약속을 받은 후, 25년이 되기까지 기다리는 동안 많은 우여곡절을 겪으며 하나님을 더 깊이 알아갔습니다.

믿음이 흔들릴 때도 있었지만 원망하거나 불평하지 않았습니다. 하나님의 명령에 순종하여 그 귀한 독자 아들 이삭을 번제로 드릴 때, 아들이 죽게 될지라도 하나님이 그 아들을 다시 살리실 것을 믿었습니다(히 11:19). 아브라함은 그때 이미 대속과 부활의 믿음을 가졌던 것입니다.

마침내 그의 년 수를 다하고 하나님 앞에 섰을 때, 자기의 허물과 죄는 다 가려지고 한결같이 믿음의 길로 달려온 삶의 여정을 바라보면서, 자신을 거기까지 인도해 주신 하나님의 은혜에 감격했을 것입니다.

긴 삶의 여정에서 비록 연약함과 허물이 있었지만, 그것은 성장 과정이었을 뿐 그의 믿음은 아름답게 완성되었습니다. 자기의 삶을 향한 하나님의 부르심의 소명을 온전히 이룬 것입니다.

하나님은 아브라함의 씨를 통해 세계 모든 민족이 그와 같은 "은혜의 복"을 얻을 것이라고 약속하셨습니다. 그 씨(자손)가 바로 그리스도입니다(갈 3:16).

이스라엘 백성은 그들의 조상 아브라함과는 달리 항상 불순종의 죄에 걸려 있었고 결국 그들이 바라던 아브라함의 씨이며, 다윗의 자손으로 오신 메시아를 거절하고 말았습니다.

제 4 장

이스라엘의 실패가 우리에게 주는 교훈

 이스라엘 백성이 자녀들에게 성구를 달달 외우도록 가르쳤으나 그들은 율법을 표면적으로 아는 데 그쳤을 뿐, 그 속에 담긴 하나님의 뜻을 알지 못하여 아직까지도 아버지의 마음을 아프게 하고 있습니다. 그들이 살의 표피를 베는 할례의 행위는 열심히 했으나 하나님이 원하시는 바, 마음과 귀에는 할례를 행하지 않았고 지금까지도 고집스럽게 하나님과 상관없는 길을 걷고 있습니다.

 하나님이 기뻐하시는 할례는 몸의 표피를 베어내는 행위의 차원을 넘어 마음의 할례를 행하는 것입니다. 마치 쟁기로 묵은 땅을 갈아엎듯이 우리 안에 굳어져 있는 완악하고 고집스러운 것을 제거하고 마음을 살 같이 부드럽게 하는 것입니다. 그렇게 할 때 비로소 하나님의 말씀을 제대로 이해하고 순종할 수 있기 때문입니다.

> 여호와께서 유다와 예루살렘 사람에게 이와 같이 이르노라 너
> 희 묵은 땅을 갈고 가시덤불에 파종하지 말라 유다인과 예루살
> 렘 주민들아 너희는 스스로 할례를 행하여 **너희 마음 가죽을 베
> 고** 나 여호와께 속하라 그리하지 아니하면 너희 악행으로 말미
> 암아 나의 분노가 불같이 일어나 사르리니 그것을 끌 자가 없으
> 리라(렘 4:3-4).

만일 오늘 우리 그리스도인이 이스라엘 백성과 입장이 바뀌었더라면 우리는 그들과 달리 하나님의 뜻을 잘 이해했을까요?

저는 우리도 그들과 다르지 않았을 것이라고 생각합니다. 왜냐하면, 오늘날 우리 중에도 하나님의 속마음을 읽지 못하여 주의 뜻과는 반대쪽으로 열심을 내거나, 또는 오직 자기 사역에만 관심이 있을 뿐, 보다 큰 관점으로 하나님의 나라(Kingdom of God)를 바라보는 이들이 많지 않은 것을 보기 때문입니다. 예나 지금이나 사람의 본성은 별로 다르지 않은 것 같습니다.

이번 장에서는 이스라엘 백성이 실패한 원인을 두 가지 측면에서 살펴보고 우리는 올바른 방향으로 가고 있는지 점검해 보는 시간을 갖겠습니다.

이스라엘 백성이 하나님의 뜻을 이루는 것에 실패한 첫 번째 이유는 율법주의 때문이었습니다. 이 주제는 본서의 전반에 걸쳐 다루어지고 있으므로 여기서는 그 설명을 생략합니다.

이스라엘의 두 번째 문제는 그들의 하나님의 나라(Kingdom of God)에 대한 이해와 비전이 하나님의 뜻과는 거리가 멀었다는 것입니다.

그도 그럴 것이 고대 히브리식 사고는 내세관이 희박했고, 영혼과 육체를 하나로 보는 일원론적인 세계관을 갖고 있었습니다. 그래서 그들의 구원 경험도 내세적이거나 개인적인 것이 아니라 출애굽 사건이나 홍해 사건처럼 현세적이며 공동체(민족)적이었습니다. 축복과 저주도 신명기(28장)에서 볼 수 있듯이 현세적이었습니다.

게다가 예수님이 오시기까지 수백 년을 강대국들의 틈바구니에서 주권을 잃어버리고 이 나라 저 나라에 지배당하며 혹독한 시련과 고통 가운데 살았습니다. 그들이 평화롭고 안전하게 살기 위해서는 다윗왕과 같은 강력한 통치자가 필요했습니다.

선지자들을 통해 약속하신 대로 다윗의 자손, 그리스도가 오시면 자기 민족을 로마 제국으로부터 해방하고, 다윗왕처럼 강력하면서도 부요한 나라를 만들어 주리라고 기대하고 있었습니다.

유대인들의 이러한 메시아사상이 아주 틀린 것은 아닙니다. 성경의 많은 구절에서 예루살렘에 그러한 평화의 나라가 도래할 것을 약속하고 있기 때문입니다.

또 실제로 그리스도께서는 선지자들의 예언대로 다윗의 후손으로 오셨고, 장차 예루살렘으로 오셔서 천하를 다스릴 것이며, 다윗보다 더 강력하게 세상 왕들을 굴복시키고 온 세계를 통치하실 것이기 때문입니다(슥 14:9). 다만 그들은 한 가지 중대한 사실을 간과하고 있었습니다.

> 그러나 그가 먼저 많은 고난을 받으며 이 세대에게 버린 바 되어야 할지니라(눅 17:25).

성경에서는 그리스도께서 왕으로 오시기 전에 먼저 고난받아야 할 것을 여러 곳에서 말하고 있었지만, 그들은 고난 당하고 버림받는 그리스도를 상상조차 하지 못했습니다. 이 땅에 왕으로 오시려면, 먼저 자기 백성의 허물을 속하기 위해 속건 제물로 드려져야 했지만(사 53장), 서기관이나 랍비 등 지도자들은 백성의 입맛에 맞는 구절들만을 골라서 가르치며, 그들의 죄를 책망하는 예언자의 음성에는 귀를 기울이지 않았습니다. 그들이 하나님을 알되 표면적으로만 알았고, 또 말씀에 순종할 마음이 없었기 때문에 성경의 곳곳에 감추어져 있는 하나님의 뜻을 보지 못했던 것입니다.

성경의 심오한 진리들은 우리의 지식으로 풀 수 있는 것이 아니라 성령의 계시로 열리는 것인데, 이 계시가 교만과 불순종으로 말미암아 그들의 눈에 닫혀 있었던 것입니다.

> 그러므로 모든 계시가 너희에게는 봉한 책의 말처럼 되었으니 그것을 글 아는 자에게 주며 이르기를 그대에게 청하노니 이를 읽으라 하면 그가 대답하기를 그것이 봉해졌으니 나는 못 읽겠노라 할 것이요. 또 그 책을 글 모르는 자에게 주며 이르기를 그대에게 청하노니 이를 읽으라 하면 그가 대답하기를 나는 글을 모른다 할 것이니라(사 29:9-11).

제자들조차 주께서 붙잡히기 얼마 전까지 스승이 왕이 될 것을 기대하고 있었기 때문에, 주께서 왕 위에 오르시면 누가 그 보좌의 오른편을 차지할 것인지 서로 다투었습니다. 내세(영생)에는 관심이 없고, 하나님의 왕국을 세속적인 통치로만 이해하고 있는 유대인들에게 예수님은 하나님의 나라는 이 땅에 볼 수 있게 임하는 것이 아니라 너희 안에 있다고 강조하여 말씀하십니다.

> 바리새인들이 하나님의 나라가 어느 때 임하나이까 묻거늘 예수께서 대답하여 이르시되 하나님의 나라는 볼 수 있게 임하는 것이 아니요 또 여기 있다 저기 있다고도 못하리니 하나님의 나라는 너희 안에 있느니라(눅 20:20-21).

하나님의 독생자 그리스도께서 이 땅에 오셔야만 했던 보다 근본적인 이유는 아담의 범죄로 인해 마귀의 종이 되어버린 인류를 구속하시고, 또 마귀에게 눌려 있었던 온 피조 세계의 통치권을 그리스도께서 합법적으로 회복하는 것이었습니다.

이러한 하나님의 뜻이 구약성경 전반에 걸쳐 나타나 있었지만, 성경 말씀이 지도자들의 눈에 봉한 책이 되어버렸기 때문에 그리스도 복음에 대한 계시가 유대인들에게 열리지 않았던 것입니다. 그래서 그들은 전 인류를 향한 하나님의 큰 뜻을 보지 못하고 '자기 민족 구원'이라는 좁은 틀에서 이해했기 때문에 자기 땅에 오신 그리스도를 거절했던 것입니다. 만일 이스라엘이 죄를 회개하고 부활하신 그리스도를 받아들였다면 세계역사는 지금쯤 완전히 달라졌을 것입니다(롬 11:15).

그러면 오늘날 우리 그리스도인은 올바른 복음을 가지고 있을까요?

저는 아니라고 생각합니다. 우리가 가지고 있는 복음은 유대인들처럼 주님의 뜻에서 완전히 빗나간 것은 아닐지라도 어느 정도 왜곡된 것 같습니다. 그로 인해 오늘날 교회 공동체 안에서 심각한 문제들이 발생하고 있는 것을 봅니다.

정통 유대인들이 기다리고 있는 현세적인 하나님의 통치를 편의상 '현세적 공동체 복음'이라 한다면 우리 그리스도인들이 일반적으로 가지고 있는 복음은 그 성격상 '내세적 개인 복음'이라고 할 수 있을 것입니다. 또 이 두 가지와 차별화하여 예수 그리스도의 복음을 천국(Kingdom of God) 복음이라고 정의해 보겠습니다.

우리는 이스라엘의 실패를 잘 기억하기 때문에, 그들과 똑같은 실수를 범하지 않기 위해 복음에서 현세적이며 공동체적인 요소를 완전히 제거해 버렸습니다. 그래서 복음이란 예수님을 마음에 구주로 영접하고 이 땅에서 편안히 살다가 죽으면 천국 간다는 것이 일반적인 생각입니다.

하나님의 나라는 사람의 마음에나 임하는 것이지, 이 땅의 도시나 나라에 임하는 것은 아니라고 말합니다. 그래서 지역 사회나 나라에서 일어나는 일들에는 관심을 갖지 말고, 자신의 영적 성장과 복음 전도에나 관심을 가지라고 합니다.

또 우리나라는 이스라엘처럼 하나님이 선택한 나라도 아니고, 마귀가 이 세상 권세를 잡고 있기 때문에, 마지막 심판의 때까지 결코 하나님의 통치가 특정 지역이나 나라에 임할 수 없다고 말합니다. 이것은 이원론적인 세계관의 영향으로 복음에서 내세적인 면을 강조한 나머지 현세적인 부분은 제거되었고, 또 신앙의 개인적인 요소를 강조하다 보니 공동체적인 부분이 제거되었습니다.

게다가 내세적 개인 복음은 1970-80년대 일어난 해방신학과 민중신학에 대한 강한 반동으로 더욱 강조된 것 같습니다. 이들 두 신학은 복음에서 가장 기본에 해당하는 내세적이며 영적인 영역을 제거해 버리고, 사람의 힘으로 이상적인 사회와 국가를 건설하겠다고 하는 사회주의운동을 일부 교회가 받아들여 신학화한 것입니다.

그러한 시기에 내세적 개인 복음이 사회주의로부터 교회의 본질을 지키는데 매우 유용했던 것이 사실이지만, 다른 한편으로는 그리스도의 복음에서 현세적이며 공동체적인 요소를 제거함으로써 복음이 가지고 있는 강력한 추진력과 역동성을 감소시켰습니다.

성경은 처음부터 끝까지 '현세적 공동체 복음'이나 '내세적 개인 복음'이 아니라 '천국(Kingdom of God) 복음'을 말하고 있습니다. 천국 복음의 시작은 에덴입니다. 에덴동산은 이 땅에 최초로 존재했던 하나님의 나라(Kingdom of God)였습니다.

그러나 불순종으로 왕국이 폐쇄되고, 하나님은 이스라엘 열두 지파를 통해 이 땅에 다시 하나님의 나라를 세우려 하셨으나, 또다시 사람의 불순종으로 실패했고, 마침내 왕국의 회복을 위해 그리스도께서 오셨습니다. 예수님이 40일 금식 후 공생애를 시작하시면서 선포하신 복음은 바로 천국(Kingdom of God) 복음이었습니다.

> 이 때부터 예수께서 전파하여 이르시되 회개하라 천국(Kingdom of God)이 가까이 왔느니라 하시니라(마 4:17).

천국은 그리스도의 통치를 받는 곳입니다. 그러므로 복음을 풀어서 말하자면 '그리스도가 통치하신다'라고 이해할 수 있습니다. 그리스도의 통치가 있는 곳이 하나님의 나라가 임한 곳입니다. 그래서 천국 복음이 전파되는 곳에는 귀신이 떠나고 병든 자가 낫는 역사가 일어났던 것입니다.

또한, 예수님은 진실로 모든 것을 버리고 주님을 따르는 제자들에 대하여 이렇게 말씀하셨습니다.

> 이르시되 내가 진실로 너희에게 이르노니 하나님의 나라를 위하여 집이나 아내나 형제나 부모나 자녀를 버린 자는 **현세에 여러 배를 받고** 내세에 영생을 받지 못할 자가 없느니라 하시니라 (눅 18:29-30).

위의 말씀은 열므나의 비유를 통해 주의 종들이 어떻게 이 땅에서 보상받는지를 말해주고 있습니다(눅 19:12-27).

어떤 귀인이 왕위를 받으러 먼 나라로 갈 때 열 명의 종에게 각각 한 므나씩을 맡기며 장사해서 수익을 남기라고 명하고 떠났습니다.

그리고 오랜 후에 왕권을 받고 돌아와서 종들과 결산합니다. 한 므나를 가지고 열심히 장사해서 열 므나를 남긴 자에게는 열 고을을 다스리는 권세를 주고, 다섯 므나를 남긴 자에게는 다섯 고을을 주었는데, 한 므나를 땅에 묻어 두고 하나도 이익을 남기지 않았던 자에게는 그가 가지고 있었던 것마저도 빼앗아 다른 사람에게 줍니다.

그리스도께서 오셔서 인류 죄의 대가를 지불하시고, 마귀로부터 하늘과 땅의 모든 권세를 되찾으셨습니다. 그리고 제자들에게 권세와 사역을 위임하고 떠나셨습니다. 제자들은 예수님의 대사로서 이 땅에서 그리스도의 통치 영역을 넓혀 나갑니다.

시간이 오래 지나고, 이제 그리스도께서는 약속하신 대로 온 세계를 다스릴 왕권을 가지고 이 땅에 다시 오셔서 제자들에게 그들이 행한 대로 나라와 도시와 마을들을 다스리는 권세를 주실 것입니다. 이 상급은 우리가 죽은 후 천국에 가서 받는 것이 아니라 여기 이 땅에서 받는 것이며, 그리스도와 함께 이 세상 나라들을 다스리는 것을 말합니다.

> 예수께서 나아와 말씀하여 이르시되 하늘과 땅의 모든 권세를 내게 주셨으니 그러므로 너희는 가서 모든 족속을 제자로 삼아 아버지와 아들과 성령의 이름으로 세례를 베풀고 내가 너희에게 분부한 모든 것을 가르쳐 지키게 하라 볼지어다 내가 세상 끝날까지 너희와 항상 함께 있으리라 하시니라(마 28:18-20).

제자들을 향한 명령에서 주님은 "하늘과 땅의 모든 권세를 내게 주셨으니 그러므로 너희는 가서 모든 사람을 제자로 삼아" 하시지 않고 "모든 족속(민족)을 제자로 삼아"라고 표현하셨습니다.

같은 내용을 마가복음에서는 "너희는 온 천하에 다니며 만민(헬라어로는 온 창조 세계)에게 복음을 전파하라"고 기록하고 있습니다. 이것은 그리스도의 통치가 개인을 넘어 족속과 나라에 임하는 것을 말합니다.

이동이 적었던 옛 시대에는 주로 친족들이 한곳에 모여 공동체를 이루며 살았습니다. 만일 그 지역의 족장급에 해당하는 어른이 복음을 인정하고 받아들이면, 그 족속의 문화와 풍습은 기독교적인 것으로 변화되고 그 지역은 쉽게 복음화되었을 것입니다.

그리스도를 믿음으로 내 안에서 시작된 하나님의 나라(통치)는 내 삶의 모든 영역, 즉 내가 속한 가정, 교회, 학교, 지역, 나라는 물론 그 안에 있는 모든 피조물에까지 이루어질 수 있는 것입니다(롬 8:19-21). 그래서 전에는 마귀적이고 정욕적이었던 그 지역 주민의 문화와 생활 태도가 변화되기 시작합니다. 복음의 능력이 개인의 심령뿐 아니라 그 지역 공동체에 임하는 것입니다.

우리의 싸움은 이 세대를 주관하고 있는 어둠의 세력과 공중 권세를 잡은 악한 영들과의 싸움입니다. 악령들은 개인을 점령할 뿐 아니라 지역 사회의 문화와 사상과 사고방식들에 침투하여 지역 주민의 삶을 조종합니다. 1960-70년대 국정 교과서에는 기독교적인 요소가 많이 반영되어 있었고 대중가요, 텔레비전 드라마, 영화 부문도 비교적 건전했습니다.

그런데 이후 내세적 개인 복음의 영향으로 우리 기독교가 이런 부문에 손을 놓고 멍하게 있는 사이, 사탄은 부지런히 일하며 각 나라의 학문, 사상, 교육, 대중문화 등에 깊이 침투하여 국민의 의식 구조를 변질시켜왔습니다. 우리가 방관하고 있는 동안, 사탄의 세력은 세상 문화와 학문을 주도하기 위해 조직적이고 체계적으로 일하며, 마귀적이고 정욕적인 행위들을 합법화하는 등 정의롭고 건강한 법령들을 저들의 입맛에 맞게 변개시키고 있습니다.

그러므로 그 지역과 나라에 하나님의 나라가 임하기 위해서는 지역 사회를 위한 체계적인 연구와 그에 따른 영적 전투가 필요할 것입니다. 기도뿐 아니라 지역 사회를 쇄신하려는 노력 또한 필요할 것입니다.

먼저는 자기가 속한 나라와 지역의 특성에 따라 그곳을 다스리고 있는 정사와 공중 권세 잡은 영들을 분별하는 것이 우선일 것입니다. 나아가 믿음으로 그곳에 그리스도의 통치를 선포하며, 악한 권세를 대항하여 싸울 때, 하나님의 나라가 그곳에 임할 것이며, 그곳 주민들의 마음은 복음을 받기에 부드러운 땅으로 변화될 것입니다.

말하자면 씨를 뿌리기 전에 먼저 땅을 부드럽게 하는 것입니다. 그리고 지역 주민들에게 복음을 전할 때 놀라운 역사를 보게 될 것입니다.

선교지에 들어간 지 다섯 해가 되었을 때, 저희 가족은 디리오모(Diriomo)라는 작은 도시 근교로 사역지를 옮기게 되었습니다.

그 도시는 인구가 약 4만 명 정도 되는 도시인데, 마법사들의 도시(Ciudad de los Brujos)라는 별명을 갖고 있을 정도로 주술과 마약과 폭력이 만연한 곳이었습니다. 그곳 주민들은 매년 1월 말일과 2월 초하루를 축제일로 정하고, 천주교 사제들의 주관으로 깐델라리아(Candelaria)라는 동정녀 수호신을 숭배하는데 그곳 주민의 95퍼센트 정도가 자칭 천주교 신자입니다.

주께서 우리 가족을 인도하셔서 그 도시 근처로 가기는 했지만, 처음 2년 동안은 무엇을 어떻게 해야 할지 모르는 상태라서, 동네에 살고 있는 중·고등 학생 다섯 명을 초대하여 성경을 가르치고 식사도 함께하며 지역을 탐색하기 시작했습니다.

그리고 오후에는 거기서 함께 살고 있었던 제자 두 명과 함께 산속에 들어가 매일 도시를 향하여 두 손을 들고 부르짖으며, "저 마법사들의 도시가 우리 하나님의 도성이 되게 해달라"고 간절히 기도했습니다.

그리고 약 2년 후, 저희의 계획에 상관없이 하나님이 놀랍게 길을 열어 주셔서 시교육감의 허락하에 몬세뇰 라파엘 앙헬 레예스(Monsenor Rafael Angel Reyes)라는 현지인 공립 중·고등학교(오전, 오후, 주말반으로 1,500여 명)에 들어가게 되었습니다.

첫해에는 각 학급에 4주씩 한 해 동안 모든 교실에서 약 20분 분량의 메시지로 복음을 전했고, 이듬해부터는 4개 반의 졸업반 학생들에게 윤리 시간(45분)을 빌어 요한복음을 가르치게 되었습니다.

처음 복음을 전할 때는 학생들이 저 조그만 한국인 여자가 와서 무슨 말을 하려고 하는지 호기심 어린 눈으로 바라보며, 간혹 조롱 섞인 농담을 하곤 했는데, 날이 갈수록 수업을 방해하던 두어 명의 학생들은 태도가 변했습니다. 이후 어느 반에 들어가도 수업 분위기는 매우 진지해졌습니다. 교회도 아닌 공립 학교에서, 학생들은 마치 메마른 땅이 하늘에서 내리는 빗물을 흡수하듯이 복음의 말씀을 달게 받는 것이었습니다.

복음을 전하도록 저희에게 허락했을 당시, 학교에서는 학생들 간에 집단 패싸움이 자주 일어나고, 주술을 하다가 정신 이상이 되기도 하는 등 학교 수업이 제대로 되지 않아서 교사들이 골머리를 앓고 있었다고 합니다.

그때 저희는 아무것도 모르는 상태에서 단지 제자들에게 편지(학교에 들어가 학생들에게 복음을 전할 수 있도록 허락해 달라는 내용)를 써주면서 교장 선생님에게 전달하도록 했습니다. 교장 선생님은 그 편지를 가지고 전체 교사회의에 들어갔다고 합니다.

교사들이 의견을 모으기를, 자기들은 학생들에게 지식을 전달할 뿐이나 하나님의 말씀은 학생들의 마음을 변화시킬 것이니 한국 선교사의 제안을 받아들여 수업 시간에 성경 말씀을 가르치게 하기로 만장일치로 의견을 모았다는 것입니다.

저희의 계획은 학교 출입을 허락해 주면, 학생들 쉬는 시간이나 점심시간을 이용하여 맨투맨으로 복음을 전할 생각이었는데, 너무 뜻밖의 일이 벌어져 처음에는 당황하지 않을 수 없었습니다.

그 학교 교사들은 총 52명이었는데 그중 두 명만이 그리스도인이었고 나머지는 모두 천주교인이었습니다. 해마다 여름 방학에는 모든 교사와 직원을 사역 센터로 초대하여 복음도 전하고, 스테이크로 점심을 대접하며, 그 도시 복음화에 대한 저희의 계획을 나누었는데, 모두 너무 좋아했습니다.

수업에 들어가기 전, 제자 두 명과 함께 먼저 기도회를 갖고 마음을 가다듬었습니다. 교실에 들어서면 학생들이 모두 일어나 환영하며 인사를 합니다. 나중에 알게 된 사실인데, 교장 선생님이 학생들에게 "에스떼르 선교사

(선교사의 현지 이름)와 이 자매들은 하나님의 말씀을 전하는 주의 종들이니 특별히 일어나서 존경하는 마음을 표하라"고 했다는 것입니다.

초롱초롱한 눈망울로 저를 바라보며 말씀을 듣기도 하고, 질문에 대답하기도 하고, 또 스토리텔링이나 역할극까지 적극적으로 소화해 내는 학생들의 모습을 보는 것은 정말 크나큰 즐거움이었습니다. 그 시간에 보조교사 역할을 맡았던 젊은 윤리 교사는 이듬해 말씀을 통해 삶이 변화되었고, 몇 년 후부터는 그가 수업을 맡아 진행할 정도로 성장했습니다.

MRAR학교에서 말씀을 전하기 시작한 지 이 년 후부터는 그 지역의 다른 학교에서도 도움을 요청해 와서 나머지 두 개의 초·중·고등학교에도 들어가 복음을 전하고 말씀을 가르쳤습니다. 성령님의 인도하심으로 시작되었고 사역의 열매도 풍성했습니다.

그리고 약 7년 후에는 학교 사역을 다른 선교사에게 일임하고 저희는 그곳을 떠나게 되었는데, 지금까지도 그 학교에서 활발하게 복음 사역이 계속되고 있습니다. 앞으로 몇 년 후에는 디리오모라는 도시가 마법사들의 도시라는 오명을 벗고 과테말라의 알몰롱가(Almolonga)처럼 하나님의 도성, 복음의 도성으로 변화될 것을 기대합니다.

현지인 목회자들과 저의 이러한 간증을 나누었을 때, 그들은 과거 천주교가 국교였을 때 세운 공립학교에서 그런 일이 일어날 수는 없는 것이라고 저의 말을 반신반의 했습니다. 저도 당시에는 복음의 문이 너무 쉽게 열렸던 그 상황이 이해가 되지 않았는데 뒤에서 소개될 알몰롱가라는 과테말라의 도시에서 일어난 도시 복음화의 소식을 듣고 조금은 이해가 되었습니다.

주의 말씀처럼 그리스도의 통치는 우리 안에서 시작됩니다. 한 사람 속에서 작게 시작된 그 나라는 점점 자라서 이웃으로, 도시로, 나라로 확장됩니다. 그것은 개인의 영혼 구원에 한정되지 않습니다.

어느 지역이 복음화되고 그리스도의 통치가 거기에 임하면, 그곳에서 사탄의 저주가 떠나고, 땅과 그 위의 모든 피조물이 회복되는 것입니다. 술집이 없어지고 교도소가 사라지며 도시가 깨끗이 정화됩니다.

그러므로 교회는 개인 전도뿐 아니라 그 지역에 대해서도 잘 알고 그 지역 주민의 한 사람으로서 이웃에게 빛과 소금이 되어야 합니다.

그 실례로 과테말라의 알몰롱가(Almolonga)라는 도시에 임한 그리스도의 통치를 소개합니다.

알몰롱가는 인구가 약 20만 정도 되는 농업 도시로. 30여 년 전만 해도 그 도시 사람들은 매우 가난했고, 마약중독과 술중독자들로 가득했으며, 마법과 주술과 우상 숭배의 도시로, 길가에는 아침까지도 술취한 사람들이 여기저기 쓰러져 있었다고 합니다.

그 안에는 네 개의 교도소가 있었는데, 잦은 폭력 사건으로 죄수들이 계속 넘쳐나서 이웃 도시의 교도소로 보낼 정도였다고 합니다. 주민들은 마시몬(Maximon, 죽음의 영)이라는 나무 인형을 그 지역 수호신으로 섬겼는데, 많은 청년이 죽음의 영과 계약을 맺고 여러 가지 질병으로 고통을 당했다고 합니다. 또 물이 풍부한 곳임에도 땅은 저주받아 황폐해져서 소출이 거의 없었다고 합니다.

그런데 지금은 이 도시가 과테말라에서 '구원받은 도시', '교회들의 도시'라는 별명으로 불리고 있습니다. 24개의 교회가 세워지고, 주민의 90퍼센트가 교회에 다니며, 전에는 폭력적이었던 남편들이 유순해지고, 가정마다 화목하게 되었으며, 교회들과 지역 주민들이 모두 하나가 되어 30여 년이 지난 지금은 과테말라에서 가장 깨끗하고 평화롭고 행복한 도시가 되었다고 합니다.

교도소는 하나씩 없어지다가 마지막으로 하나 남아 있던 것이 1994년에 아주 없어졌고, 지금은 그 건물이 영예의 전당(Salon de Honor)로 바뀌었으며, 또 36개나 있었던 술집들이 다 사라지고 지금은 세 곳만 남았다고 합니다.

그뿐 아니라 땅이 복을 받고 토질이 회복되어 지금은 과테말라에서 가장 부요한 농업 도시로 발전하였고, 일년에 세 번 추수를 하는데, 30년 전에는 하루 4트럭의 농산물을 수출했지만, 지금은 매일 40트럭의 농산물을 이웃 나라로 수출하며, 채소가 얼마나 크고 좋은지 당근 하나가 성인 남자의 팔뚝 크기만 합니다.

그렇게 된 배경을 알아 보았는데 크게 드라마틱한 내용은 없습니다. 다만 이전에는 교회가 사회로부터 멸시당하여 외국에서 전도자들이 오면 막대기로 조롱받거나 돌팔매질을 당했고, 가정에 있는 교회에까지 돌을 던졌다는 것입니다.

그런데 어느 날 여섯 명의 남자들이 그 지역 교회를 섬기는 마리노(Marino) 목사님의 멱살을 잡고 목에 총을 겨누었는데, 그 순간에 그분은 저항하지 않았고, 조용히 주께서 보호해 주시기를 기도했다고 합니다. 그리고 그들이 방아쇠를 당겼는데 아무런 일도 일어나지 않았다고 합니다.

죽음에서 건짐받은 후, 마리노 목사(현지인)님은 몇몇 안 되는 성도들을 불러서, 그 지역을 다스리고 있는 폭력과 미신과 가난의 결박을 풀어 달라고 매일 기도하기 시작했답니다.

그 도시를 위해 기도할 때 중보자들에게 초자연적인 믿음이 생기기 시작했고, 그들은 또 교회가 이 지역에서 존재감 없이 멸시당하는 것에 대해 '교회가 꼬리가 되지 않고 머리가 되게 해달라'고 금식하고 철야하며 뜨겁게 기도했다고 합니다.

그 후부터 교회에서는 크고 작은 표적들이 일어나기 시작했는데, 사람들에게서 더러운 귀신이 나가며 교회가 부흥하기 시작했답니다. 또한, 극적인 치유의 기적이 떼레사라는 여성에게 일어났는데 그녀는 죽음의 영에 잡혀 온 몸이 극심한 통증으로 걷지도 못하고 다 죽어가던 상태에 있었다고 합니다.

장례를 준비하던 가족들이 마리노 목사님에게 도움을 요청해서, 그가 떼레사의 장례식을 도우러 가고 있었을 때 주께서 테레사를 위해 기도하라는 음성을 주셨다고 합니다. 그녀의 집에 도착하자 테레사의 임종을 지켜보기 위해 가족과 친지들이 다 모여 있었다고 합니다.

마리노 목사님이 떼레사에게 이렇게 명령했습니다.

"예수 이름으로 명하노니 떼레사야 일어나라!"

이후 사경을 헤매던 떼레사는 즉시 치유되어 일어났다고 합니다. 이후 그것을 지켜보았던 사람들이 다 예수님을 믿게 되었고, 또 떼레사의 간증을 듣고 수백 명의 사람들이 하나님에게 나아왔으며, 그 교회 성도들의 삶이 변화되는 것을 보고 그 이웃 사람들도 계속 교회에 나오게 되었다고 합니다.

교회는 더욱 부흥하기 시작했고, 다른 교회들도 계속 세워져서 지금 그 도시에는 24개의 매우 생명력 있는 교회들이 서로 하나 되어 움직인다고 합니다.

'너무 평범해 보이는 이 원주민 목회자를 통해 어떻게 이 도시가 그렇게 변화될 수 있었을까?'

이런 의문이 들었습니다. 그런데 그분의 말씀 중에서 세 가지 중요한 포인트를 발견했습니다.

첫 번째는 거기에 하나님에게 완전히 헌신 된 사역자가 준비되어 있었다는 것입니다. 마리노 목사님은 그리스도의 복음과 지역 사회를 위해 자기의 목숨을 내어놓았습니다.

두 번째는 목회자와 성도들이 마귀에게 지배당하여 고통당하고 있는 그 지역 주민들의 비참한 생활에 대해 문제의식을 크게 가졌다는 것입니다. 그들은 교회 성장에 만족하지 않았고, 밖으로 나가 소망 없이 살아가는 사람들에게 주의 말씀 선포하기를 부끄러워하지 않았습니다. 이웃을 진실로 사랑한 것입니다.

세 번째는 하나님의 통치에 대한 갈망입니다. 마리노 목사님은 그 지역에서 하나님의 교회가 천대와 멸시를 받는 것에 분노했습니다. 그래서 금식하고 철야하며 그 땅과 사람들을 결박하고 있는 마귀 권세를 깨뜨려주시기를 기도하기 시작했습니다.

그 결과 술집과 교도소가 점점 사라지고 도시 전체에 하나님의 통치가 임한 것입니다. 지금은 그 교회가 약 1,200명의 성도로 예배당이 꽉 차고 있지만, 당시는 손에 꼽을 정도의 숫자였는데, 그 작은 교회를 통해 주의 능력이 알몰롱가(Almolonga)라는 도시에 그리스도의 통치가 오게 한 것입니다.

하나님의 통치는 우리의 믿음으로 이루어집니다. 만일 마리노 목사님과 성도가 구속의 대상이 개인의 영혼 구원에만 있다고 믿고 그 지역 사회에 관심을 갖지 않았다면, 또 그리스도의 교회가 그 지역에서 멸시받는 것에 대해 분을 품지 않고, 그것을 당연하게 받아들였다면, 그 도시에 그리스도의 통치가 임할 수 있었을까요?

지역 사회나 나라를 바라보는 시각에 있어서 내세적 개인 복음을 가진 사람들은 세상에서 꼬리가 되지 않고 머리가 되기 위해서 어떻게 할까요?

자기가 속한 조직 사회에서 더 높은 자리로 올라가기 위해 사람들과 치열하게 경쟁할 것입니다. 반면에 천국 복음을 소유한 사람은 그가 어떠한 자리에 있든지 그곳에서 이웃에게 선을 행함으로 빛과 소금이 되어 그 공동체를 변화시키게 될 것입니다. 마침내 그 조직 사회에 하나님의 통치가 임하고, 거기서 그리스도는 머리가 되고 사탄은 꼬리가 되게 할 것입니다.

이제 때가 되면, 예수님이 영광과 권능으로 오셔서 원수들을 모두 멸하시고, 만왕의 왕이요, 만 주의 주로 감람산에 임하실 것입니다.

이때 비로소 유대인들의 눈이 열리고, 그들은 자기들이 찌른 주를 알아보고 통곡하고 회개하며, 예수님을 그리스도로 영접할 것입니다.

그들이 바라던 대로 그리스도께서 다윗의 왕좌에 앉아 실제로 예루살렘에서 다스리는 것을 볼 것입니다. 세상 나라의 왕과 지도자들은 만왕의 왕되신 주께 나아와 모두 무릎 꿇고 자기들의 나라를 그리스도, 우리의 왕께 바칠 것입니다(슥 14:6, 16). 이때 성도들은 그들이 이루어 놓은 공로에 따라 나라와 도시들을 분배받아 거기서 왕 같은 제사장이 될 것입니다.

그리스도께서 공의로 세상을 다스릴 것이며 온 땅이 우리 하나님의 아름다우심과 그의 영광을 보고 즐거워하며 기뻐할 것입니다. 이것이 이사야(2, 11, 32, 35, 40, 51장), 다니엘(7장), 스가랴 등 많은 선지서와 요한계시록(20:1-6)에 나타나 있는 천년 왕국입니다. 이로써 하나님의 뜻이 하늘에서와 같이 이 땅에도 이루어지는 것입니다.

우리는 죽기 전에 그리스도께서 오셔서 이 땅을 다스리시는 나라, 천년 왕국을 맞이할 수도 있을 것입니다. 이렇게 그리스도의 천국 복음은 내세적이면서도 현세적이며, 개인적이면서도 공동체적입니다.

천년 왕국은 매우 성경적인데도 잘못된 신학으로 말미암아 오랫동안 우리에게 감추어져 있었습니다. 그것은 다름 아닌 에덴동산의 완결판에 해당합니다. 에덴동산은 하나님

왕국의 시작이었고 천년 왕국은 그것의 완성인 것입니다.

왜 하필이면 백 년도 아니고 만 년도 아닌 천 년일까요?

우리는 성경의 연대를 계산해 봄으로써 그 이유를 유추해 볼 수 있습니다. 의미심장하게도 성경에는 첫 사람 아담부터 그 계보와 연수를 기록하고 있습니다.

세계사의 기록에 남아있는 출애굽 연대를 기준 삼아 전체 구약의 역사를 계산해 보면, 대략 4천 년이 됩니다. 어렵지 않게 계산해 볼 수 있습니다. 그리고 그리스도께서 오신 후, 약 2천 년이 지났습니다. 인류 역사를 7천 년으로 볼 때 이제 남은 것은 1천 년, 즉 천년 왕국만이 남았습니다.

지구의 인류 역사를 7천 년으로 보는 데는 그만한 이유가 있습니다. 하나님은 6일 만에 천지창조를 마치시고 제7일에 안식하셨습니다. 그런데 아담의 범죄 후 사람뿐 아니라 하나님의 안식도 깨졌습니다. 예수님이 안식일에 베데스다 연못에서 오래된 중풍 병자를 고치셨을 때, 유대인들이 안식일에 일한다고 예수님을 핍박하자, 그때 주님은 이렇게 말씀하십니다.

…내 아버지께서 일하시니 나도 일한다(요 5:17).

또 시편에서는 이렇게 말합니다.

> 이스라엘을 지키시는 자는 졸지도 아니하고 주무시지도 아니하시리로다(시 121:4).

아담의 타락 후, 사람들은 마귀의 종이 되어버렸습니다. 마귀는 자기에게 주어진 시간 동안 인류를 완전히 자신의 소유로 삼고 이 땅에 자기의 왕국을 세우려고 안간힘을 쓰고 있습니다. 하나님은 그런 상황에서 사람을 구원하시느라 밤낮으로 쉴 틈 없이 일하고 계신 것입니다. 마귀에게 정해진 운명의 시간은 언제까지일까요?

마귀는 그때를 알고 있습니다(계 12:12).

저는 하나님이 마귀에게 허락하신 기간은 아담의 타락 후 6일 동안이 아닐까 생각합니다. 왜냐하면, 창조 때와 마찬가지로 제7일에는 하나님이 쉬실 것이기 때문입니다. 우리에게 천년이 하나님에게는 하루와 같다고 하십니다(벧후 3:8-10).

그렇다면 하나님에게 6일은 우리에게는 6천 년이고, 아담이 에덴에서 약 100년 정도를 살았다(130세에 셋을 낳음)고 가정한다면 이제 천년 왕국의 도래는 매우 가깝다고 생각해 볼 수 있습니다.

마귀에게 넘어간 6천 년 동안 하나님은 인류를 구원하시기 위해 계속 일하시다가 6천 년이 차면 이제 안식하시기 위하여 재창조의 역사를 마무리하실 것입니다. 물론 그 정확한 때와 시는 우리가 알도록 허락되지 않았으나, 여러 정황으로 볼 때 우리는 말세를 살고 있다고 유추해 볼 수 있을 것입니다.

마침내 이 땅은 하나님이 처음 계획하셨던 대로 천년 왕국이 이루어지고, 드디어 사람은 물론 땅과 그 위의 모든 피조물은 그리스도의 통치 아래 안식할 것입니다(계 20:6).

천년 왕국이 끝나고 지구의 역사가 완성되면, 마귀와 그의 종들은 심판을 받고 영원 불 못에 던져지고, 새 하늘과 새 땅이 열리며, 새 예루살렘 성이 내려올 것입니다(계 21:1). 그러므로 믿음 안에 서 있는 우리 그리스도인에게 지구의 종말은 두려운 것이 아니라 소망이며 해피앤딩입니다.

때가 가까워짐에 따라 성령께서 자기 종들에게 앞으로 일어날 일들에 대해 점점 더 계시를 밝혀주고 계십니다. 계시의 열림에 따라 천국(Kingdom of God) 복음 사역자들이 늘어나고 있으므로 앞으로 이 부분에 대한 연구와 이해는 더 선명해질 것입니다.

이제 우리는 이스라엘 민족과 동일한 실수를 범하지 않도록 정신을 바짝 차려야 할 것입니다. 그렇지 않으면 앞으로 다가오는 많은 현실적인 문제들을 감당하기 어려울 것입니다.

제2부에서는 율법과 관련하여 오늘날 우리 그리스도인들을 미혹하고 있는 율법주의와 종교의 영, 그리고 남은 자들이 걷는 길에 대하여 다루어 보기로 합니다.

은혜의 바다로 나아가자

제1장 대적을 바로 알자

제2장 자기 의의 함정에서 벗어나라

제3장 하나님의 마음을 시원케 하라

제1장

내부의 적을 분별하자

1. 율법주의와 종교의 영

제2부에서는 오늘날 교회 공동체(하나님의 나라) 안에서 교묘하게 활동하며 이 땅에 하나님의 뜻이 이루어지지 못하도록 방해하고 있는 대적의 정체를 알아보겠습니다.

마귀는 하나님으로부터 우리를 완전히 떼어 놓기 위해 진리처럼 보이지만 진리가 아닌 것을 가지고 우리 안에 거짓된 신앙체계(종교)를 세우려고 합니다. 교회 안에서 가장 쉽게 볼 수 있는 것은 율법주의와 인본주의 형태일 것입니다.

인본주의는 하나님 중심이 아니라 매사에 사람이 중심이 되기 때문에 사람들의 입맛에 맞게 진리를 변질시키고, 우리의 영을 혼미케 하여 세상 풍속을 좇게 하는 영적 흐름입니다. 교회에서 공동체로 모이는 예배는 매주 진행되는 하나의 프로그램이며 행사일 뿐입니다.

강단에서는 영혼을 깨우고 심령을 변화시키는 복음적인 설교 대신 철학이나 심리학 관련 세미나에서 들을 만한 메시지가 선포됩니다. 사람의 귀를 즐겁게 하고 만족시키는 것이 목적입니다.

공동체 예배에서 하나님의 임재는 없고 그 대신 좋은 음향기기나 시설들, 또는 설교자나 아름다운 성가대가 주목받습니다. 주중에는 각종 모임과 행사로 성도들은 매우 분주합니다.

성도는 예배를 통해 영으로 하나님과 교통하는 것이 아니라 그날 예배에 출석한 것으로 만족합니다. 설교나 찬양 시간에 하나님에게 집중하지 못하고, 지루해하며 예배 끝나고 어디 가서 뭘 먹을지, 누굴 만날지 등 생각은 다른 곳에 가 있습니다. 입으로는 성령님에 대해 말할지 모르나 성령님과의 교제가 없습니다.

율법주의는 진리에서 벗어난 거짓된 신념의 가치체계입니다. 의를 얻으려고 열심히 율법을 좇았던 이스라엘 백성은 오히려 율법의 조항들에 갇혀서 율법보다 크신 하나님을 보지 못했습니다. 그래서 그들이 열심을 내면 낼수록 하나님의 의에서 멀어질 뿐이었습니다. 율법을 주신 하나님의 참 마음과 뜻은 알지 못한 채, 문자적으로만 그것을 이해했기 때문입니다.

인본주의와 율법주의 이 두 종류의 영적 흐름은 강력하고도 견고한 진과 같이 아주 오랫동안 교회 안에 자리 잡아 온 사악한 영적 흐름입니다. 어쩌면 거의 모든 그리스도인이 적게 혹은 크게 이 두 영의 영향력 아래 있다고 보아야 할 것입니다.

인본주의에 대해서는 기회가 있을 때 다시 다루기로 하고, 여기서는 그 흐름에 따라 율법주의와 관련된 "종교의 영"에 대해 원론적인 것을 다루어 보겠습니다. 자세하게는 다룰 수 없으므로 관심 있는 분들은 악령들에 대한 보다 전문적이고 구체적인 연구 자료들을 찾아보기를 권합니다.

종교의 영은 율법주의로 옷 입고 우리 공동체(하나님의 나라) 안에서 활동하며, 우리로 하여금 하나님의 은혜 안에 거하지 못하도록 방해하는 원수의 영입니다. 연구자에 따라 영들의 이름은 다를 수도 있을 것입니다. 여기서는 악령들이 나타나는 현상에 따라 이름을 붙인 것이니 오해가 없기를 바랍니다.

성경에 나오지도 않는 종교의 영을 굳이 거론하는 이유는 우리의 싸움은 혈과 육을 상대하는 것이 아니라 이 세상 공중 권세를 잡고 있는 어둠의 세력, 곧 마귀와의 싸움이기 때문입니다(엡 6:12). 악한 영들이 우리 눈에 보이지 않기 때문에 영적 전투에 대한 이해가 쉽지 않은 것 같습니다. 또 나름 싸운다고 해도 대적의 실체를 잘 모르니 허공을 치는 경우가 많을 것입니다.

율법을 가지고 이스라엘을 속이며 그들을 하나님으로부터 빗나가게 했던 원수 마귀는 오늘날 우리에게도 율법적이며 종교적인 사람이 되도록 미혹합니다. 세대를 거듭할수록 그들의 지혜도 자라서 더욱 교묘해졌습니다. 이제는 율법 대신 성경 구절들을 이용하여 신자의 눈과 귀를 가립니다.

율법주의는 표면적으로는 의롭고 영적인 것처럼 보이지만 실제로는 유대인이나 바리새인들처럼 믿음이 아닌 행위로 의롭게 되려는 태도입니다. 그래서 내면의 변화보다 형식적인 절차나 행위를 중요하게 여깁니다.

하나님이 이루고자 하시는 전반적인 계시의 흐름은 보지 못하고, 단순히 자신이 알고 있는 성경 구절에 대한 지식을 맹신합니다. 그 자신은 말씀대로 살지 않으면서 짧은 지식을 가지고 보다 영적으로 깊이 있는 사람들을 판단합니다.

이것은 예나 지금이나 그리스도의 몸 안에서 우리의 믿음과 공동체의 하나 됨을 파괴하고 분열시키려는 원수 마귀의 전략입니다. 우리가 정신 차리고 깨어 있지 않으면 누구든 예외 없이 원수의 밥이 되기 쉬울 것입니다.

악령들은 자신의 정체를 숨긴 채, 성도들 가운데서 활동하며 그럴듯한 비진리를 가지고 진리인 것처럼 우리를 속입니다. 그래서 영적 전투를 위해서는 무엇보다 먼저 분별력이 필요합니다. 우리가 대적의 정체를 정확히 알고 또 그들이 어떤 방식으로 우리를 공격하는지 알 때 거기에 전략적으로 대응할 수 있을 것입니다.

율법주의는 우리로 종교인이 되게 합니다. 우리 그리스도인이 주되신 예수님을 닮아가고, 또 삶을 통해 하나님의 뜻을 이루는 데 신앙생활의 목적을 두고 있다면, 종교인은 이 땅에서 부귀영화를 누리며 안락하게 사는 것에 목적을 둡니다.

종교의 영은 교회 공동체 안에서 역사하는 영으로서 어떤 종교적인 행위나 형식으로 믿음을 대체하게 만듭니다. 이 영에 사로잡히면 믿음이 없으므로 하나님과 영으로 교제할 수 없습니다. 예배는 경직되고 찬양과 말씀이 선포될 때 기쁨과 자유로움 없습니다. 예배가 지루하고 답답합니다. 늘 어떤 의무감과 무게에 눌려있습니다. 하나님을 기쁘시게 하려고 믿음으로 나아가는 것이 아니라 사람에게 인정받기 위해 헌금이나 봉사 등 종교적인 행위로 나아갑니다. 생명이 없는 종교 생활을 합니다.

하나님을 섬긴다고 하지만 이런 상태가 심화되면 결국은 하나님의 뜻을 거스르고 하나님을 대적하는 위치로 전락하고 맙니다. 영적 세계를 알지 못하니 성령의 사람을 판단하고 싫어합니다. 일반 사회에서 교회를 맹공격하는 사람들은 대부분 종교의 영이 지배하는 교회에서 종교인으로 생활했던 사람들일 것입니다.

> 형제들아 너희는 이삭과 같이 약속의 자녀라 그러나 그 때 육체를 따라 난 자가 성령을 따라 난 자를 박해한 것 같이 이제도 그러하도다(갈 4:29).

형제를 판단하고 핍박하는 종교인의 특징은, '낙타는 삼키고 하루살이는 걸러낸다'는 것입니다. 신실한 형제의 작은 실수들을 크게 부각시키고 그것을 꼬투리 삼아 그리스도의 왕국을 위해 막중한 역할을 감당하고 있는 사역자들을 판단합니다. 그들의 눈에는 성령의 일하심이 보이지 않기 때문입니다. 영적인 소경입니다.

성경의 몇몇 구절들을 취하여 자기 판단의 잣대로 이용합니다. 겉으로는 몸 된 교회를 위한다고 하지만 속에는 다른 사역자에 대한 시기와 질투, 또 증오와 멸시 등 육신적인 열매가 가득합니다.

겉모양은 매우 겸손하고 인격적이고 부드러울지 모르나 그들의 속에는 형제를 향한 사랑과 긍휼이 없고, 그들의 명성과 허울 좋은 외모로 인해 많은 이들이 쉽게 동조하며 합류합니다. 넓고 편안한 길이기 때문입니다. 많은 이들과 함께 가기에 무지한 성도들은 자신이 옳은 길에 있다고 착각하며 안정감을 느낍니다.

2. 종교의 영의 근원과 정체

성경에서 종교의 영의 근원과 정체를 쉽게 찾아볼 수 있습니다. 가인부터, 에서, 사울, 바리새인과 서기관 등 이들의 삶에서 역사한 악령입니다. 이들은 태생적으로나 사회적으로 또는 종교적으로 우월한 고지를 점령하고 있는 경우가 많습니다. 보여지는 부분에서 하나님의 일을 향한 열심이 특심입니다. 많은 이는 그들의 업적이나 성과로 인해 성도들의 존경과 칭찬과 인정을 받는 자리에 있을 것입니다.

종교의 영으로 충만한 이들의 가장 큰 특징은 하나님의 일에 대해 열심은 있지만, 하나님을 진정으로 사랑하지 않는다는 것입니다. 자기 업적이나 사람들의 인정과 칭찬에 초점이 맞추어져 있습니다. 하나님 아버지의 마음을 이해하고 아버지의 뜻을 이루는 것에는 관심이 없습니다.

그러므로 하나님을 섬기는 동기가 깨끗하지 않습니다. 사랑과 믿음으로 하지 않으니 하나님의 인정을 받지 못합니다. 힘써 하나님의 뜻을 거스르면서 자신은 하나님을 위해 충성한다고 생각합니다.

그런데 은혜 안에 있는 사역자들은 상대적으로 사회적으로나 공동체 안에서 비천한 신분에 속한 경우가 더 많은 것 같습니다. 세상에 드러나 있지 않고 사람들로부터 주목받지도 못합니다. 하나님이 그들을 세상에 드러나게 하시기까지는 감추어져 있습니다.

그들은 누가 알아주지 않는 그늘에서도 진실로 하나님을 사랑하며, 영혼을 사랑하고, 자기를 부르신 아버지의 뜻이 이루어지기를 힘쓰는 이들입니다. 주님이 보시기에 겸손하고 온유한 자들입니다. 이들은 종교의 영에 의해 괴롭힘을 당합니다. 사도 바울은 전자에 속한 이들을 "육체를 따라 난 자"들이라고 말하고 후자를 "성령을 따라 난 자"들이라고 합니다.

육체를 따라 난 자들이 성령을 따라 난 자들을 박해하는 이유는 그 속에 하나님을 향한 사랑이나 경외심이 없기 때문입니다. 그들이 하나님의 일에 열심을 내는 목적은 단지 자기들이 이루어낸 업적을 통해 사람들에게 인정과 칭찬 그리고 보상을 받기 위한 것입니다.

형제가 자기보다 더 인정받는 것을 견디지 못합니다. 자기가 사회적으로 모든 유리한 자리에 있어도 어려운 형편에 처한 형제를 도우려 하지 않습니다. 오히려 믿음으로 행하는 형제를 시기하고 질투하며 거의 본능적으로 미워합니다. 이것이 지나치면 살인까지 저지릅니다.

'피는 물보다 진하다'는 말이 있듯이 사람은 본능적으로 자기 혈육을 사랑하기 마련이지만 이런 종류의 사람들은 그러한 인륜도 저버립니다. 세상 사람들보다 더 악합니다.

그러한 형제간의 다툼이 첫 사람 아담의 자녀들에게 일어난 것은 오늘 우리에게 시사하는 바가 매우 크다고 생각합니다. 우리가 잘 아는 아벨과 가인의 이야기를 잠시 살펴봅니다.

가인은 아담의 장자로 태어났습니다. 오늘날과 달리 구약 시대에 장자는 가문에서 매우 중요한 위치에 있었습니다. 첫아들이었으니 둘째로 태어난 아벨보다 부모의 사랑과 관심을 더 많이 받았을 것이고 자긍심도 매우 컸을 것입니다. 그런데 가인이 보니 아벨이 자기보다 하나님의 사랑과 관심을 더 받는 것 같습니다. 자기가 더 인정받고 싶은데 아벨은 어떻게 아는지 하나님이 기뻐하시는 일만 골라서 합니다.

추수 때가 되어 가인은 하나님에게 자기가 추수한 농산물의 열매를 드렸고, 아벨은 자기가 기르는 어린 양 중에서 흠 없는 것을 취하여 희생제물로 드립니다.

그런데 하나님이 아벨과 그의 재물은 받으시는데 가인과 그의 재물은 받지 않으십니다(아마도 하늘에서 불이 내려와 아벨의 제단은 태우는데 가인에게는 불이 내리지 않았던 것 같다). 그것을 보고 가인은 시기도 나고 화가 나서 죽이고 싶도록 동생이 미워집니다.

이 때 하나님이 가인에게 말씀하십니다.

> 네가 왜 화를 내니?
> 너의 헌물이 왜 내게 합당하지 않는지 네 양심이 그걸 말해주고 있지 않니?
> 너를 삼키려고 네 마음 문 앞에 도사리고 있는 죄, 너는 그 죄를 다스리거라.

하나님이 그의 죄를 가르쳐 주셨는데도 가인은 자기 속에서 끓어오르는 분노를 다스리지 못하고 동생을 살해합니다. 악한 영에게 사로잡혀서 이성을 잃어버린 것입니다. 그는 하나님이 왜 자기의 예물은 받지 않으시는지 자기의 문제가 무엇인지 꼼꼼하게 자신의 마음 상태를 살펴보아야 했습니다. 그랬더라면 문제가 동생에게 있지 않고 그 자신에게 있었다는 것을 깨달았을 것입니다.

그러나 불행하게도 가인은 그 악한 마음을 회개하지 않았고, 종교의 영에 속아서 사랑으로 품어야 할 동생을 죽여 없애야 할 대적으로 인식해 버렸습니다.

가인과 아벨 두 형제는 모두 하나님을 기쁘게 해드리려고 재물을 가지고 하나님에게 나아갔습니다. 그런데 하나님은 아벨과 그의 제사는 받으시고 가인과 그의 제물은 받지 않았습니다.

아벨의 제단과 가인의 제단에는 어떤 차이가 있었을까요?

아벨과는 달리 가인은 하나님에게 믿음으로 나아가지 않았습니다. 그는 하나님이 사람에게 무엇을 원하시는지 알지 못했습니다. 하나님이 그들에게 원하신 것은 그들과 자유롭게 교제하는 것이었습니다. 그것을 위해 죄 문제를 해결해야 했습니다.

하나님 앞에서는 아벨이나 가인이나 다 같이 죽을 수밖에 없는 죄인입니다. 그들 스스로의 힘과 지혜로는 죄 문제를 해결할 수 없었습니다. 아벨은 이 사실을 깊이 인식하여, 자기 죄를 회개하며, 하나님의 뜻대로 자기가 기르던 어린양을 잡아 믿음으로 피의 제사를 드렸는데(히 11:4), 하나님은 그것을 기쁘게 받으셨습니다.

피 흘림(희생)이 없이는 죄 사함이 없습니다. 피의 언약은 아담이 선악과를 범한 후에 아담과 하나님 사이에 맺어진 언약입니다. 아담이 부끄러움을 가리기 위해 입었던 무화과 나뭇잎 대신 하나님은 어린양의 피를 흘리고 취한 가죽옷을 지어 입혀 주셨습니다.

그 가죽옷은 바로 의의 옷, 곧 예수그리스도를 상징합니다. 아벨은 희생 제사의 참뜻을 알고 영과 진리로 예배했지만, 가인은 자기의 죄를 인식하지 못했고 희생 제사의 참뜻을 이해하지 못했기 때문에 예배가 아닌 종교 의식을 행한 것입니다.

하나님 앞에서 아벨은 예배자로 가인은 종교인으로 살았습니다. 그 결과로 하나님의 은혜를 누리며 살아가는 아벨을 볼 때 가인은 시기가 나서 견딜 수 없었던 것입니다. 야곱과 에서의 경우도 아벨 형제의 이야기와 아주 유사합니다.

에서는 장자로 태어나 아버지의 총애를 받습니다. 하나님은 그의 자녀들이 태중에 있을 때, 이미 이삭과 리브가에게 작은아들이 장자의 복을 받을 것이라는 약속을 주셨지만, 그의 노년에 영적인 지각을 잃어버린 이삭은 큰아들 에서에게 영·육 간의 모든 유산을 상속해줄 생각을 합니다. 그러나 에서는 하나님에 대해서는 관심이 없고 날마다 들로 나가 사냥해 온 고기로 아버지를 기쁘게 합니다.

야곱은 장막에 머물며 할아버지 아브라함의 이야기를 듣기도 하고 어머니의 일을 돕는 것을 즐겨합니다. 그는 아브라함이 들려 주는 믿음과 약속의 삶에 대한 이야기에 매료됩니다. 할아버지의 하나님을 자기도 만나기를 갈망합니다.

아브라함이 175세를 살았고 이삭이 육십 세에 자녀를 낳았으니 야곱은 15년을 아브라함 밑에서 자란 것입니다. 야곱은 자기가 할아버지의 영적인 유산을 물려받기 원하지만, 안타깝게도 에서가 장자의 자리를 차지하고 있습니다. 그는 할아버지의 하나님을 너무나 사모한 나머지 어떻게 하면 에서로 부터 장자권을 돌려받을 수 있을지를 궁리합니다. 생각이 거기에만 꽂혀 있습니다.

어머니 리브가는 아브라함의 복이 야곱을 통해 흘러가는 것이 하나님의 뜻임을 잘 알고 있습니다(창 25:23). 그런데 축복권이 남편 이삭에게 있습니다. 합당치 않은 큰 아들에게 모든 복을 상속하려는 남편의 영적 어두움 때문에 리브가의 속이 타들어 갑니다.

결국, 리브가는 하나님의 뜻을 이루기 위하여 남편을 거스르는 큰 모험을 합니다. 만일 리브가가 그렇게 하지 않았다면 그 이후의 일이 어떻게 되었을지 참 궁금합니다.

많은 이가 이 부분에서 도덕적인 판단의 잣대를 가지고 리브가와 야곱을 평가합니다만 저는 다른 각도로 두 사람을 봅니다.

아브라함의 축복을 너무나 사모해서 형으로부터 그것을 되찾으려 했던 야곱을 하나님은 어떻게 보셨을까요?
또 리브가의 행위를 칭찬하셨을까요?
아니면 책망하셨을까요?
이 경우처럼 도덕적인 것과 영적인 판단이 서로 엇갈릴 때 어느 것이 상위의 법일까요?

물론 일반적으로 목적이 수단을 정당화할 수 없다는 것은 우리가 잘 아는 사실입니다. 여기서 종교의 영에 기울어져 있는 사람은 깊이 생각해 보지 않고, 리브가와 야곱을 윤리적으로 판단하며 에서를 두둔하려 할 것입니다. 반면에 은혜의 법에 익숙한 사람은 리브가와 야곱에게 동병상련의 마음을 느낄 것입니다.

야곱이 자기를 두 번이나 속였다고 화를 내는 에서의 태도는 합당하지 않습니다. 에서는 그 모든 복의 근원이 되시며 그의 조상들에게 복을 주신 하나님에 대해 아무런 관심이 없었습니다. 팥죽 한 그릇에 장자권을 팔았습니다. 영적인 복이 에서에게는 마치 돼지에게 진주와 같은 것이었습니다. 그는 자기 행위의 정당한 댓가를 받은 것입니다.

그런데 에서는 자기가 원하던 대로 아버지의 유산을 모두 상속받고도 야곱을 죽이려 합니다. 후에 야곱의 노력으로 잠시 서로 화해하기도 하지만, 에서(에돔)는 자손 대대로 이스라엘 족속을 미워합니다.

에서 족속은 강력한 종교의 영에 사로잡힌 것입니다. 남왕국 유다가 바벨론의 침공으로 극심한 환란을 당할 때 대적의 편에 서서 함께 유대인들을 강탈하며 야곱의 자손이 패망함을 보고 기뻐합니다. 그것으로 인해 하나님이 에돔 족속에게 분노하십니다(옵 1:1-16).

하나님은 자기를 가까이하는 자를 가까이하십니다(시 145:18). 하나님은 늘 자기를 갈망했던 야곱을 기뻐하셨습니다. 비록 허물과 실수가 있을지라도 그가 중심으로 하나님을 사랑했기 때문입니다. 종교인은 하나님을 사랑하지 않습니다. 에서는 종교인이었습니다.

이번에는 사울과 다윗의 이야기를 살펴봅니다.

다윗은 어렸을 때부터 종교의 영에 사로잡힌 자들에게 둘러싸여 괴롭힘을 당하며 살았습니다. 여덟 형제 중에서 막내였던 그는 형들로부터 미움을 받았을 뿐 아니라 아버지로부터도 차별을 받았던 것 같습니다. 또 사울왕은 하나님이 다윗과 함께하시는 것과 백성들이 그를 칭송하는 것을 보고, 아들과 같은 또래의 어린 다윗을 미워합니다.

다윗으로 말할 것 같으면, 나이가 많아야 15세 정도밖에 안 된 어린 소년이었습니다. 사울왕의 군대가 블레셋 군대의 거대한 장수 골리앗 앞에서 쩔쩔매고 있을 때, 단신으로 나와 대적을 쳐죽임으로서 사울에게 큰 승리를 안겨준 은인입니다. 그러나 사울은 종교의 영에 사로잡혀 자기의 원수가 누구인지도 구분하지 못하고 자기를 사랑하고 돕는 충성스러운 부하이자 사위인 다윗을 미워하여 죽이려 했습니다.

그런데도 다윗은 사울을 미워하지 않습니다. 사울을 원수로 생각하지 않습니다. 그는 이스라엘 통일 왕국의 왕이 되어서도 사울의 자손에게 은혜를 베풉니다. 종교의 영에 속한 사람과 성령의 사람은 같은 신앙 공동체에 속하여 있으면서도, 그 차이가 영적으로는 하늘과 땅의 차이입니다. 전자는 육신적이고 정욕적이며 마귀적인 성품을 가졌지만, 성령의 사람은 하나님을 경외하기에 자기의 감정이나 생각보다 하나님의 뜻을 따라 행합니다.

그러므로 속사람으로 살아가는 사람들은 '가시밭의 백합화'입니다. 주위로부터 찔리고 상처받아도 그대로 되갚아 주지 않고, 오히려 그들을 불쌍히 여기며 위해서 기도합니다. 받은 상처들을 통해 그리스도의 향기를 뿜어냅니다. 사회를 정화시킵니다. 이런 의인이 소돔과 고모라에 열 명만 있었다면 그 도시는 멸망 당하지 않았습니다.

종교의 영에 잡혀버린 사람은 이 땅에서 잘 되는 듯하나 회개하지 않으면 필경은 패망합니다. 그러나 성령의 사람은 많은 환란과 고통으로 다 죽은 것 같다가도 결국은 위대한 승리자로 일어나게 하는 것이 하나님의 뜻입니다. 마귀는 성령의 사람이 하나님 앞에서 얼마나 존귀한 자인지를 알기에 그를 넘어뜨리려고 주위의 종교인들을 이용하는 것입니다.

종교의 영에 사로잡힌 사람일지라도 회개하고 돌이키면 하나님 앞에 귀하게 쓰임 받을 수 있습니다. 사도 바울이나 요셉의 형들 경우가 거기에 해당합니다. 아버지와 하나님의 사랑을 독차지하고 있는 요셉을 미워하여 죽이려 했던 요셉의 형들은 자기들의 잘못을 회개하고 돌이

켰기 때문에 이스라엘 나라의 열두 기둥이 되고 이들의 이름은 이스라엘의 열두 지파로 역사에 길이 남게 되었습니다.

3. 유대인과 종교의 영

종교인의 특징은 세상의 학문과 지혜, 지식, 문벌, 출신 성분 등 세속적인 기준을 매우 가치 있게 여긴다는 것입니다. 그래서 아무리 영적으로 탁월한 사람일지라도 이름 있는 신학교를 나오지 않았거나, 요즘 같으면 미국 유학이나 박사 학위가 없으면 웬만한 규모의 교회에는 명함을 내밀 수가 없습니다. 누구 밑에서 배웠는지도 중요합니다.

이런 것들에 의해 주의 신실한 사역자들은 늘 소외당하기 마련입니다. 상황이 이렇다 보니 목회자 세계에서조차 학력 위조와 가짜 박사 학위가 난무하는 것을 볼 수 있습니다.

예수님 당시에도 종교인들이 유대교의 주류를 이루고 있었습니다. 머나먼 동방으로부터 천문학자들이 곧 태어날 유대인의 왕 그리스도께 경배하러 왔을 때, 온 예루살렘이 듣고 소동했지만, 유대교 지도자 중 그 누구도 곧 태어날 그리스도께 경배하러 동방 박사들을 따라나서지 않았습니다.

당시 유대교 최고 지도자였던 대제사장들과 성전이나 회당에서 백성을 가르쳤던 서기관들은 동방 박사들에게 그리스도가 어디서 태어날 것인지를 가르쳐 주었을 뿐 메시아의 오심에는 관심이 없었습니다.

다만 유일하게 한 사람이 아기 왕을 찾았는데, 에돔(에서)의 혈통인 헤롯왕이었습니다. 그는 장차 유대인의 왕이 될 아기에게 왕좌를 빼앗길까 봐 아기를 죽이려고 찾았을 뿐입니다(마 2:1-12).

예루살렘은 여호와 하나님을 믿는 유대교 성지입니다. 하나님의 성전이 거기 있고 명문 출신의 율법 학자들이 몰려있는 곳이었지만, 거기에 그들이 섬기는 하나님이 계실 자리는 없었습니다.

당대의 석학들은 모두 예수님을 거절했습니다. 니고데모 한 사람만이 다른 사람의 눈을 피하여 밤에 몰래 예수님을 찾아왔을 뿐입니다. 그래서인지 예수님의 열두 제자 중에는 예루살렘 출신이 하나도 없고 모두 저 북쪽의 갈릴리 지방 출신입니다. 그것도 절반가량은 갈릴리 바닷가의 어촌 출신입니다. 유일하게 갈릴리 출신이 아니라 예루살렘의 남쪽에 위치한 가룟(케리오스)이라는 유대 지역 출신이 하나 있는데, 그가 바로 가룟 유다입니다.

정말 놀랍지 않습니까?

이사야 선지자의 예언처럼 변방에 있어 무시당하고 소외되었던 납달리 지파의 땅 갈릴리는 그리스도로 말미암아 영화롭게 된 것입니다(사 9:1-2).

지금까지 살펴본 것처럼 종교의 영은 생명 있는 자들을 외부로부터 공격해 오기도 하지만 또 우리의 내부로부터 공격해 오기도 합니다. 그래서 때로는 신령한 자들도 늘 깨어 있기를 힘쓰지 않으면 종교의 영의 영향을 강하게 받을 수 있습니다. 우리 마음속에 독한 시기와 다툼, 판단, 원망 등이 무성하게 일어날 때입니다.

바로 그때 종교의 영의 공격을 받고 있다는 것을 스스로 인식하고 원수를 대적할 때입니다. 가인이나 에서처럼 속수무책으로 당하지 말고, 내 속에 사랑이 없고 판단이 올라올 때는 입을 다물고 스스로를 분별하고 점검해 보는 것이 지혜입니다.

> 그러나 너희 마음 속에 독한 시기와 다툼이 있으면 자랑하지 말라 진리를 거슬러 거짓말하지 말라(약 3:14).

그러므로 우리는 이처럼 외적으로는 우리를 미워하여 죽이려 하고 또 내적으로는 우리를 사로잡아 조종하려 하는 대적의 실체를 잘 파악하고 혈과 육으로가 아니라 악한 영들을 상대로 싸워야 합니다. 종교의 영에 사로 잡혀 있으면 자유함과 평안함을 누리지 못합니다. 사도 바울은 그것을 "수건에 덮여 있는 것"으로 표현했습니다.

> 그러나 그들의 마음이 완고하여 오늘까지도 구약을 읽을 때 그 수건이 벗겨지지 아니하고 있으니 그 수건은 그리스도 안에서 없어질 것이라 그러나 언제든지 주께로 돌아가면 그 수건이 벗겨지리라 주는 영이시니 주의 영이 계신 곳에는 자유가 있느니라 우리가 다 수건을 벗은 얼굴로 거울을 보는 것 같이 주의 영광을 보매 그와 같은 형상으로 변화하여 영광에서 영광에 이르니 곧 주의 영으로 말미암음이니라(고후 3:14-18).

유대인들을 덮고 있는 수건이 종교의 영입니다. 그것은 위로부터 오는 진리의 빛, 생명의 빛을 차단합니다. 종교인들은 성경의 진리를 지식으로만 알 뿐, 영이요 생명의 말씀으로 먹지 못합니다. 자신은 알고 있다고 착각하고 있지만 사실은 진리에 대해 머리로만 알 뿐 영으로는 알지 못합니다.

그래서 율법 조문을 가지고 그리스도께 들이대며 신성모독이니 안식일을 범했느니 하면서 시기심에 가득 차서 생명의 주를 잡아 죽였던 것입니다. 저들은 성경에 대한 자신들의 기준과 잣대로 예수님을 판단한 것입니다.

4. 위선을 경계하라

종교인들은 적군과 아군을 구분하지 못합니다. 자기의 대적은 무슨 짓을 하든지 상관하지 않으면서 자신과 조금 다른 옷을 입고 있는 아군을 향하여는 속사포를 쏘아 댑니다. 사울왕처럼 한때 성령의 사람이었던 사람일지라도 그 은혜에서 떠나면, 오히려 이전보다 더 강하게 악령에 사로잡히기 쉽습니다.

주님의 동생 야고보는 종교의 영으로 행하는 것과 성령으로 행하는 것에 대하여 이렇게 말합니다.

> 그러나 너희 마음속에 독한 시기와 다툼이 있으면 자랑하지 말라 진리를 거슬러 거짓말하지 말라 이러한 지혜는 위로부터 내려온 것이 아니요 땅 위의 것이요 정욕의 것이요 귀신의 것이니 시기와 다툼이 있는 곳에는 혼란과 모든 악한 일이 있음이라 오직 위로부터 난 지혜는 첫째 성결하고 다음에 화평하고 관용하고 양순하며 긍휼과 선한 열매가 가득하고 편견과 거짓이 없나니(약 3:14-17).

종교의 영에 사로잡힌 자들은 자기 자신은 똑똑하고 옳은 말을 한다고 생각하며, 형제의 부족하고 연약한 점을 들추어내고 있겠지만 사실은 마귀에게 속아 이용당하고 있는 것입니다.

주님은 우리에게 바리새인과 사두개인의 누룩을 주의하라 하십니다. 이들의 누룩(교훈)은 겉과 속이 다른 것 위선입니다. 남에게 보이기 위한 삶입니다. 사람에게 인정받고 칭찬받는 것이 선행의 목적입니다. 손발을 자주 씻고, 거룩해 보이는 긴 가운을 입고 다니면서 사람들의 존경을 받았지만 그 속은 교만과 시기와 질투와 탐욕 등 더럽고 냄새나는 것들로 가득했습니다. 사람들로부터는 하나님의 사역자로 인정받았지만, 사람의 속마음을 아시는 주께서는 그들을 "회칠한 무덤"이라고 책망했습니다.

니카라과의 공동묘지에 갔을 때 회칠한 무덤이 무슨 뜻인지 쉽게 이해되었습니다. 거기는 우리와는 달리 무덤을 봉분으로 하지 않고 평토장을 하는데 부자의 묘와 가난한 사람의 묘를 쉽게 구분할 수 있습니다.

어떤 묘지는 한 평 정도에 평평하게 흙으로 마감하고 그 앞에 나무 십자가 하나를 꽂아둡니다. 어떤 묘지는 열 평 정도의 보다 넓은 땅에 묘지 위를 조금 높여서 시멘트와 하얀 석고 같은 것으로 평평하게 회칠합니다. 그리고 그 위에 대리석으로 사원 모양의 건축물을 세우거나 여러 모양으로 멋있게 장식합니다. 가난한 사람들의 집 몇 채 값입니다.

그러나 아무리 묘지 표면을 아름답게 치장한다 해도 그 속에는 썩고 부패하고 냄새나는 시체가 있을 뿐입니다. 겉모습은 온갖 위선으로 좋게 하고 다니지만 그 마음에는 시기, 질투, 탐욕 등 더럽고 부패한 것들로 가득한 모습을 회칠한 무덤에 비유하여 표현하신 것입니다.

세상은 학력, 출신, 직업 등 외모로 사람을 판단하지만 하나님은 그 마음의 중심을 보시기에 우리에게 바리새인의 위선을 본받지 않도록 주의하라는 것입니다.

우리는 이제 새로운 시대를 맞이하고 있습니다. 코로나 바이러스로 온 세계인이 긴장하고 놀란 가슴을 쓸어 내리고 있지만, 바이러스는 아직도 진정되지 않고 있고, 곳곳에서는 또 백신의 부작용 때문에 고통받는 이들이 있습니다. 그동안의 상황에서 주의 몸 된 교회는 세상에서 빛과 소금의 역할을 감당하지 못했습니다. 우리는 이것을 가슴 아프게 인정해야 할 것입니다.

주의 몸 된 교회가 자기의 신분과 위치를 망각하고, 세상의 권력 앞에서 고개를 들어야 할 때 고개를 숙였고, 불의한 정책에도 순응하고 세상 권세를 두둔하며 평탄하고 넓은 길을 택해 걸어왔습니다. 그리스도는 만물 위에 있는 교회의 머리가 아니라 꼬리가 되어 세상 권력에 밟히며 조롱당했습니다.

> 그의 능력이 그리스도 안에서 역사하사 죽은 자들 가운데서 다시 살리시고 하늘에서 자기의 오른편에 앉히사 모든 통치와 권세와 능력과 주권과 **이 세상뿐 아니라 오는 세상에 일컫는 모든 이름 위에 뛰어나게 하시고 또 만물을 그의 발 아래에 복종하게 하시고 그를 만물 위에 교회의 머리로 삼으셨느니라**(엡 1:20-23).

코로나19 발생 후 수많은 교회가 문을 닫았고, 또 교회로 돌아가지 않고 있는 성도들이 많다고 합니다. 그와는 반대로 제가 아는 몇몇 교회는 교회의 문을 닫지 않고 대면 예배를 지속했는데 그 동안 교회가 내·외적으로 부쩍 성장한 모습을 봅니다.

성도들의 교회 탈출에 어쩌면 그것은 하나의 직접적인 동기가 되었을 뿐 그것만은 아닐 것입니다. 항해하는 배에서 선원들이 탈출하는 경우는 배가 침몰할 것 같은 때입니다. 우리 한국 교회는 지금 그런 위기에 직면해 있습니다.

내부적으로 WCC와 NCCK 등으로 인해 대부분의 교단이 배교라는 오명을 쓰고 있고 그로 인해 환난에서 깨어나는 성도들이 교회에서 탈출하고 있는데도 주의 몸 된 교회는 대대적인 자체 정화 작업을 하지 않고 있습니다.

외부적으로는 세계 단일 정부를 꿈꾸는 적그리스도의 세력이 신세계 질서를 구축하기 위해 각 나라의 통치자와 힘있는 지도자들, 그리고 지식인과 각 분야에 영향력 있는 자들을 매수하여, 나라의 법을 변개하고, 학문과 문화를 주도하는 등 강력한 영향력을 행사하며, 주의 몸 된 교회를 무너뜨리려는 계략을 드러내고 있지만, 대부분의 지역 교회들은 아직도 이것을 음모론이라고 일축하며, '교회는 위에 있는 권세'에 복종해야 한다고 말합니다.

교회가 세상 권력에 복종해야 한다는 말이 과연 진리일까요?

우리는 이것을 잘 분별해야 할 것입니다. 믿음의 조상 아브라함의 아내 사라가 죽었을 때의 일입니다.

가나안에서 아브라함이 당시 거주하고 있었던 곳은 헷 족속의 땅이었습니다. 그는 가나안에 자기 소유의 땅이 한 평도 없어서 헷 족속에게 찾아가 아내를 매장하도록 그들에게 땅을 팔라고 합니다.

그런데 헷 족속이 아브라함에게 놀라운 대답을 합니다.

> 헷 족속이 아브라함에게 대답하여 이르되 내 주여 들으소서. 당신은 우리 가운데 있는 하나님이 세우신 지도자이시니 우리 묘실 중에서 좋은 것을 택하여 당신의 죽은 자를 장사하소서. 우리 중에서 자기 묘실에 당신의 죽은 자 장사함을 금할 자가 없으리이다(창 23:5-6).

헷 족속은 이방인인 아브라함에게 '내 주여'라고 호칭합니다. '당신은 우리 가운데 하나님이 세우신 지도자'라고 말합니다. 한 사람도 아니고 헷 족속 전체가 아브라함을 그들의 지도자로 인정할 뿐 아니라 아브라함의 하나님을 인정하고 있는 것입니다. 아브라함의 사회적 지위가 어떠했는지를 알 수 있습니다.

그가 처음 헷 족속의 성으로 들어가 살게 되었을 때, 아마도 초기에는 이방인으로서 그들의 풍속을 따르지 않았기에 멸시와 천대는 물론 생명의 위협도 받았을 것입니다.

그런데 오랜 세월 헷 족속 가운데 거주하는 동안, 그는 하나님의 사람으로서 선지자적인 지도력과 선한 행실로 사람들의 빛이 되었던 것입니다. 지도자를 꿈꿔 본 적도 없었을 것이지만, 그 지역 사람들은 너나 할 것 없이 아브라함을 어느덧 그들의 지도자로 받아들이게 되었습니다. 아브라함 한 사람을 통해 하나님의 통치가 헷 족속 전체에 미치게 된 것입니다.

그뿐인가요?

페르시아 제국에서 왕궁의 문지기로 살고 있었던 모르드개는 그의 신앙적인 신념을 꺾으려는 아말렉의 후손 하만 총리와 대제국 황제의 어명 앞에 맥없이 굴복하지 않았습니다. 적당히 다른 사람들의 뒤에 숨어 있으면서 눈 딱 감고 살짝 주저앉아버릴 수도 있었는데, 그는 목숨 걸고 그것을 거절했습니다.

그로 인해 제국의 온 유대인들이 다 죽을 위기에 처하게 되었을 때, 유대인 공동체는 모르드개가 자기들을 위험에 빠뜨렸다고 그를 비난하거나 탓하지 않았습니다. 오히려 그를 따라 거리로 나가 울며 억울함을 호소했습니다. 그 나라의 백성과 권력자들 앞에서 시위한 것입니다.

왕후 에스더도 사흘 금식 후 목숨을 걸고 법령을 어기며 왕 앞에 나아갔습니다. 그들은 하나님에게 자기 민족을 구원해달라고 금식하며 기도만 한 것이 아니라 그들이 할 수 있는 모든 것을 했습니다.

또 다니엘은 어떻습니까?

그는 메디아 사람 다리오 왕 때 그를 시기한 왕의 신하들이 올무를 놓아 다니엘을 해하려 했을 때, '왕 외에는 그 어떤 신에게도 기도하면 안 된다'라고 하는 어명을 어기고, 늘 하던 대로 자기의 윗방에 올라가 예루살렘을 향한 창문을 열고 하루 세 번씩 무릎을 꿇고 기도하는 것을 멈추지 않았습니다.

다니엘은 그 정한 날들 동안만큼은 그의 대적들이 알 수 없도록 다른 방에 들어가 예루살렘을 향하여 기도할 수도 있었을 것입니다(왕상 8:38-39). 그러나 그는 조금도 타협하지 않았습니다.

그런데 더 큰 은혜를 받은 우리 주의 몸 된 교회는 어떻습니까?

우리는 아브라함 같은 나그네도 아니고 모르드개처럼 외국의 절대왕정 치하에서 이방인으로 살고 있지도 않습니다. 우리는 이 나라의 주권을 가진 당당한 대한민국 국민입니다. 전 국민의 오 분의 일에 해당할 만큼 한국 교회는 수적으로 막강한 비중을 차지하고 있습니다.

그런데도 대다수 교회가 이 나라에서 지도자의 역할을 감당하기는커녕, '대면 예배를 폐하라'는 불의한 정부 정책에 순응할 뿐이었습니다. 저는 지금 특정 정당의 편에 서서 말하는 것이 아닙니다. 어느 정당이 정권을 잡든지 우리는 국민으로써 마땅히 하나님이 우리에게 주신 자유와 권리를 지켜야 하는 것입니다.

정부가 코로나 상황에서 버스나 전철은 사람들이 북적여도 문을 닫게 하지 않았고, 회사 사무실이나 생산시설도 문을 닫지 않았습니다. 술집이나 식당은 마스크를 벗은 채 먹고 마시는데도 일정 부분만 제한했습니다.

그런데 교회는 거리 두기를 하고 마스크를 착용하는 등 비교적 방역 지침을 잘 지키는데도 문을 닫게 했습니다.

교회가 이 나라에서 술집보다도 못한 취급을 받을 때, 대한민국 대부분의 교회는 저항하기는커녕 다른 종교 단체보다 앞장서서 예배당 문을 닫았습니다.

코로나바이러스는 어디서든 발생할 수 있는 것인데도 정부나 미디어 매체들은 그것이 교회에서 발생하면 야단법석을 떨며 교회를 혐오집단으로 낙인찍었습니다. 이때 심지어 어떤 목회자들은 텔레비전 방송에 나와서 말하기를, "교회는 이웃에게 피해를 끼치지 않아야 하기 때문에 대면 예배를 드리면 안 된다"라고 그럴싸한 이유를 내세우며, 대면 예배를 고집하며 핍박받고 있는 교회들을 빗대어 비난했습니다.

물론 사태가 심각할 때, 정부는 교회에 협조를 요청하고, 교회는 각각이 처한 형편과 입장에 따라 어떤 자세를 취할지 고려하며, 성도들은 자신의 형편과 믿음에 따라 대면과 비대면을 선택할 수 있게 했다면 크게 문제 될 것은 없었을 것입니다.

그런데 대부분의 우리 한국 교회는 정부가 불법적으로 우리 신앙의 자유를 억압하는 것을 저항하지 않고 수용함으로써, 스스로 교회가 없어도 되는 세상을 받아들였습니다.

교회는 술집이나 식당만큼도 중요하지 않은 존재라고 스스로가 세상 앞에 인정한 것입니다. 입으로는 먹고사는 문제보다 더 중요한 것이 영혼 구원이라고 말하면서도, 그것은 단지 이론일 뿐, 세상 권력에 굴복하여 가장 중요한 예배의 권리를 포기했습니다.

교회가 문을 굳게 닫고 있는 사이, 예수님을 만나고 싶은 한 가닥 소망을 가지고 교회의 문을 두드렸던 사람들은 어디로 가야 했을까요?

또 정부는 코로나19 백신에 대해 안정성에 대한 검토도 없었고 백신의 성분을 밝히라고 하는 국민의 요구도 무시하며 백신 접종을 강제했습니다. 직장을 잃지 않으려면 싫어도 접종받아야 했습니다.

감기약이나 건강 보조식품들도 엄격하게 성분을 표기하는데 우리 정부는 전 국민의 생명을 담보로 성분 표기나 성분분석도 하지 않은 백신을 받아들였습니다. 어쩔 수 없이 대다수 국민이 거기에 호응했지만 코로나바이러스로 인한 위 중증 환자는 계속 증가했고, 오히려 예방을 위해 맞은 백신 부작용으로 건강하던 사람들까지 갑자기 목숨을 잃거나 중환자가 되는 일들이 발생했습니다. 백신의 성분이 의심스럽고, 효과도 뚜렷하지 않으며, 게다가 목숨의 위협을 받는데도, 3개월에 한 번씩 맞으라니 이것이 제정신 가지고 받아들일 수 있는 정책입니까.

백신 3차 접종 후, 한때 사망자 수가 급격히 늘어나고 화장터가 붐벼서 삼일장을 치르지 못하고 5-6일장을 치르는 사태까지 발생했습니다. 그런데도 언론에서는 거기에 대해서는 일절 방송하지 않았고, 정부는 그런 현상에 대해 원인 분석조차 하지 않고 유야무야 넘어갔습니다. 이런 사기 사건이 비단 우리나라뿐 아니라 세계적으로 일어났으니 상식적으로 도저히 납득할 수 없는 기이한 현상이 아닐 수 없습니다.

그나마 깨어있는 교회와 국민들이 나서서 백신 정책에 대해 항의했기 때문에 새 정부 들어서는 정책을 장려는 하되 강제는 하지 않고 있습니다. 상황이 이러한데도 대다수 교회는 '위에 있는 권세'에 복종해야 한다고 말하며, 앞장서서 국민의 자유를 침해하는 정책들을 지지하며, 불의에 저항하는 용기 있는 지도자들을 비난했습니다.

그들 스스로는 옳은 말을 하고 있다고 생각하고 있겠지만 실상은 몇몇 성경 구절들을 문자적, 부분적으로만 알고 있기 때문에 하나님의 뜻을 오해하고 있는 것입니다.

옛날 왕정 시대에는 주권이 왕에게 있었습니다. 그 시대의 백성은 왕의 명령에 절대복종해야 했습니다. 그런 때도 선교사들은 국가적으로 포교가 금지된 나라에 들어가 그 나라의 문화와 정책을 거스르며 순교하면서까지 복음을 전했습니다.

자유민주주의 체제에서 주권은 국민에게 있습니다. 국민은 선거권 행사를 통해 권력을 대통령이나 그 외 지도자들에게 위임합니다. 그러므로 일반적으로는 그리스도인도 국민의 한 사람으로서 지도자의 정책에 호응하는 것이 마땅합니다.

> 각 사람은 위에 있는 권세들에게 복종하라 권세는 하나님으로부터 나지 않음이 없나니 모든 권세는 다 하나님이 정하신 바라. 그러므로 권세를 거스르는 자는 하나님의 명을 거스름이니 거스르는 자들은 심판을 자취하리라(롬 3:1-2).

그런데 어이없게도 영향력 있는 사역자들이 위의 두 구절만 떼어서 단순하게 인용하며 교회가 악한 권력에 대항하여 합법적으로 싸우는 것까지 반대합니다. 바로 뒤의 구절만 연결하여 읽어보아도 그들의 견해가 오류인 것을 알 수 있을 텐데 참 안타깝습니다.

사도 바울은 지도자들의 이런 어이없는 태도를 보면서 얼마나 참담한 마음이 들까요?

권세가 하나님으로부터 난 것임을 믿습니까?

저도 그것을 믿습니다.

그런데 하나님이 왜 나라에 지도자들을 세우십니까?

바울은 이어서 말합니다.

> 다스리는 자들은 선한 일에 대하여 두려움이 되지 않고 악한 일에 대하여 되나니 네가 권세를 두려워하지 아니하려느냐 선을 행하라 그리하면 그에게 칭찬을 받으리라. **그는 하나님의 사역자가 되어 네게 선을 베푸는 자니라** 그러나 네가 악을 행하거든 두려워하라 그가 공연히 칼을 가지지 아니하였으니 곧 하나님의 사역자가 되어 악을 행하는 자에게 진노하심을 따라 보응하는 자니라(롬 13:3-5).

세상 모든 통치와 권세는 사람들을 선하게 다스리도록 하나님이 각 나라에 허락하신 권위입니다. 그러므로 나라의 통치자들은 모범적으로 그 나라의 법을 잘 지키며, 그 법에 따라 국민을 섬겨야 마땅합니다.

그런데 국민에 의해 선출된 지도자가 국가의 질서와 국민의 안녕을 위해 일하지 않고, 국민의 자유와 생명을 위협하며 하나님을 대적하는 일을 하고 있다면, 슬기로운 국민은 언제라도 그런 자들을 끌어내리려 할 것입니다. 그것을 위해 하나님이 우리 스스로가 적합한 지도자를 세우기도 하고 폐하기도 하도록 주권을 주신 것입니다.

성경대로 말하자면 나라의 지도자들은 하나님의 사역자, 하나님이 세우신 일군으로서 국민을 위한 선한 봉사자가 될 의무가 있습니다. 이것이 국가의 지도자들에 대하여 우리 몸 된 교회가 마땅히 가져야 할 생각입니다.

불순종으로 우리의 눈이 어두워서 올바른 지도자를 선택하지 못하고, 불의한 자에게 정권을 내주었다면, 그것을 깨달은 교회는 죄를 회개하며 하나님에게 도우심을 구해야 함은 물론, 불의한 권력에 저항하여 우리의 자유를 되찾기 위해 앞장을 서는 것이 마땅합니다.

이처럼 의를 위해 국민을 선도하는 교회가 진정으로 눈을 뜬 교회이며, 세상 권력을 두려워하지 않는 주님의 교회입니다.

반대로 힘써 자유를 지킬 마음이 없고 누군가 지켜 주기를 바라며 기도만 하자는 것은 비겁하고 무능한 태도입니다.

공부하기 싫어서 빈둥빈둥 놀면서 좋은 대학 가게 해 달라고 기도하는 것과 무엇이 다르겠습니까?

북한이나 중국처럼 잘못된 선택으로 자유를 잃어 버리는 것은 쉽습니다. 그러나 그것을 되찾으려면 엄청난 대가를 지불해야 하는 것입니다. 온 인류와 이 모든 국가는 다 우리 하나님이 만드시고 세우신 것입니다.

세상 권력 위에 그리스도가 계심을 믿습니까?

교회는 그의 몸이니 교회의 권위는 세상 위에 있습니다. 이것이 교회가 가지고 있는 진정한 정체성입니다.

> 땅의 모든 끝이 여호와를 기억하고 돌아오며 모든 나라의 모든 족속이 주의 앞에 예배하리니 나라는 여호와의 것이요 여호와는 모든 나라의 주재심이로다(시 22:27-28).

이 예언의 말씀은 언젠가 반드시 이루어질 것입니다. 찬양 속에서만 우리의 주님이 온 세계의 왕이 아니라, 실제로 이 모든 나라의 통치자들 위에서 다스리시는 왕 중의 왕이시며 만 주의 주이십니다.

교회는 그리스도의 능력과 통치와 권세를 세상 가운데 드러내는 통로임을 잊지 말아야 할 것입니다. 그러므로 주님은 우리에게 세상 권력을 두려워하지 말라고 하십니다. 우리가 하나님의 나라의 의를 세우기 위하여 불의한 권력에 대항할 때, 우리는 힘이 없지만 성령께서 우리를 도와주시겠다고 하십니다.

> 몸은 죽여도 영혼은 능히 죽이지 못하는 자(세상권력자)들을 두려워하지 말고 오직 몸과 영혼을 능히 지옥에 멸하실 수 있는 이를 두려워하라(마 10:28).

> 사람이 너희를 회당이나 위정자나 권세있는 자 앞에 끌고 가거든 어떻게 무엇으로 대답하며 무엇으로 말할까 염려하지 말라. 마땅히 할 말을 성령이 곧 그 때 너희에게 가르치시리라 하시니라(눅 12:11).

하나님을 모르는 자들도 자기의 한목숨을 내놓고 불의와 싸우며 나라를 위하여 희생하는데, 교회는 일반인보다 더욱 사회 정의를 세우는 일에 앞장서야 하지 않을까요?

주권을 가진 국민으로서 또 나라와 이웃을 사랑하는 그리스도인으로서 자유를 억압하고 사회를 오염시키는 '차별금지법'이나 '낙태법'과 같은 악법들이 통과되지 않도록 한마음으로 저항해야 하지 않겠습니까?

집에 강도가 들어와서 여러분의 자녀들을 폭행하는데도 엎드려 기도만 하면 누군가 와서 도와줍니까?

나라는 더 큰 규모의 가족공동체입니다.

그러니 우리 선열들이 피 흘리며 나라를 지키지 않았겠습니까?

이처럼 사회 정의와 관련된 문제는 우리 한국 교회가 공동체적 차원에서 감당해야 할 이웃 사랑의 실천입니다. 고아와 과부는 세상에서 버려진 사회적인 약자를 상징합니다. 약자 중의 약자는 태어나지도 못한 채 버려지는 태아입니다. 하나님은 교회에 이들을 도울 것을 명령하셨습니다.

그러므로 교회는 제도적 불의로 인해 억울하게 환란 당한 자들을 위해 정당하게 싸워야 할 것이며 또 불의한 권력을 옹호해서는 안 될 것입니다.

> 정의를 쓴 쑥으로 바꾸며 공의를 땅에 던지는 자들아… 무리가 성문에서 책망하는 자를 미워하며 정직히 말하는 자들을 싫어하는도다. **너희는 악을 미워하고 선을 사랑하며 성문에서 정의를 세울지어다.** 만군의 하나님 여호와께서 혹시 요셉의 남은 자를 불쌍히 여기시리라. 오직 정의를 물 같이 공의를 마르지 않

는 강같이 흐르게 할지어다(암 5:7, 10, 15, 24).

우리 앞에 다가오고 있는 험난한 파도를 이겨내려면 이제 한국 교회는 불의의 권력에 맥없이 굴복하는 것이 아니라, 아브라함과 같은 선지자적인 사명을 가지고 이 나라를 올바른 방향으로 이끌어야 할 것입니다.

세상 권력 앞에 당당하게 하나님의 나라와 통치를 선포함으로 그리스도 교회의 정체성과 품위와 세상 속에서의 올바른 위치를 속히 회복해야 할 것입니다. 그렇지 않으면 신실한 성도들은 지역 교회에서 대거 이탈하게 될 것입니다.

주의 몸 된 교회가 오늘날과 같이 사회에서 지도자적인 위치를 상실한 것은, 앞서 설명했듯이 하나님의 나라에 대한 편향적인 교리 때문이라고 생각합니다. 이것은 유대인과는 완전히 반대로 교회와 성도들을 사회로부터 분리해버렸습니다. 그 결과 개인적이고 이기적이며 비겁한 성도들을 양산해 내었습니다.

그리스도인은 세상에서 구별되어 거룩하게 자기를 지킬 뿐 아니라, 나아가 세상에서 빛과 소금이 되라는 부르심을 받았습니다. 등불을 켜서 박스 안에 넣어 두지 않고 드러내어 주위를 비추게 하듯이, 또 소금이 다른 것들 속에서 어우러져 녹아야 제 기능을 하듯이 세상에서 교회와 성도의 역할도 그러한 것입니다.

신앙생활에서 우리 개인의 목표는 각자 안에 그리스도의 형상을 이루는 것이지만, 예수님의 목적은 때가 되면 우리의 마음뿐 아니라 우리를 통해 여기 이 땅에 하나님의 나라를 완성하는 것입니다.

태초에 시작되었다가 사람의 죄로 말미암아 폐쇄되었던 하나님의 왕국이 그리스도로 말미암아 이 땅에서 완성되고 온 피조물은 에덴동산처럼 다시 회복되는 것입니다. 이것이 지구를 향한 하나님의 비전이며, "천국이 너희에게 가까이 왔느니라"고 하신 그리스도의 복음입니다.

이 복음은 오늘날 교회 안에 반드시 회복되어야 할 것입니다. 그것을 위해 우리는 먼저 종교의 영으로 말미암아 내부적으로 오랫동안 허물어져 있었던 믿음의 토대부터 바로 세우는 것입니다. 그동안 진리로 믿고 의심 없이 받아들여 왔던 비 진리들에 대해 이제는 단호하게 결별을 선언하고, 오직 순전한 하나님의 말씀과 성령에 의해 신앙의 토대를 구축함으로써 먼저 성도 개개인과 교회 안에 그리스도의 통치를 회복하는 것입니다.

하나님은 우리 가운데서 이처럼 오래 황폐되었던 곳들, 역대의 파괴된 기초를 다시 쌓으며 무너진 데를 보수할 자들을 찾고 계십니다(사 58:12). 우리는 지금 주께서 자신의 몸을 내어 주고 사신 교회의 참모습을 회복하기 위해 커다란 지각 변동을 겪고 있는 것입니다.

코로나 사태는 시작에 불과합니다. 하나님은 몸 된 교회가 깨어나기까지 계속해서 담금질하실 것입니다. 마지막 때의 대 추수를 위해 지구적인 영적 부흥이 필요하기 때문입니다. 이것은 마지막 한 사람까지도 더 구원하기 원하시는 하나님의 은혜입니다.

종교의 영은 또한 하나님의 의를 의지하지 않고 자기 의를 의지하도록 우리 그리스도인들을 미혹합니다. 생명 없는 종교 생활을 하게 합니다. 다음 장에서는 자기 의에 대해 구체적으로 나누어 보겠습니다.

〔 제2장 〕

자기 의의 함정에서 벗어나라

1. 자기 의로 난 행위는 불법이다

우리 그리스도인은 자기의 의가 아니라 그리스도의 의를 힘입어 구원받습니다. 자기 의란 자기가 습득한 뛰어난 지식이나, 행한 업적과 선한 행위들, 또는 자기가 하는 일들을 통해 하나님에게 의롭다고 인정받으려 하는 마음의 태도를 말합니다. 하나님의 의와는 반대되는 개념입니다.

우리는 어떤 선한 행위로 말미암음이 아니라 오직 믿음으로 의롭다고 인정받습니다. 또 하나님에게 믿음을 인정받은 사람은 아브라함처럼 그에 합당한 행위로서 믿음의 열매를 맺게됩니다. 믿음의 증거로서 행위가 열매로 나타나는 것이지 사람의 행위로 말미암아 의롭게 되는 것이 아닙니다.

예수님은 포도나무요 우리는 가지입니다. 가지가 스스로 열매를 맺는 것이 아니라 포도나무에 잘 붙어 있어야 절로 열매를 맺음같이 우리는 예수님 안에 거할 때 믿음에 합당한 열매를 맺습니다. 그것을 양과 염소의 비유에서 볼 수 있습니다(마 25:31-46) 주께서 이 땅에 오시면, 자기 영광의 보좌에 앉으셔서 양과 염소를 구별하실 것입니다.

그런데 그 기준을 보면 마치 행위를 가지고 심판하는 것처럼 보입니다. 오른편에 있는 자들에게 말씀하시기를, 주께서 나그네 되었을 때 그들이 예수님을 영접해주었고, 벗었을 때 입혀주었고, 주릴 때 먹을 것을 주었다고 하십니다. 그런데 그들은 자기가 주께 그렇게 대접한 적이 없다고 말합니다. 주께서는 "여기 내 형제 중 지극히 작은 자 하나에게 한 것이 곧 예수님에게 한 것이다"라고 말씀합니다.

오른편의 양들은 그들이 주님을 섬기기 위해 그들 스스로 무엇을 열심히 하려고 한 적이 없었습니다. 그냥 주님의 은혜 안에서 말씀에 순종하며 살다 보니, 자기도 의식하지 못하는 상태에서 자연스럽게 주께서 원하시는 행위의 열매를 맺게 된 것뿐입니다. 그런데 주님으로부터 커다란 칭찬과 상급을 받습니다.

이와는 반대로 왼편의 염소들은 언제 그들이 주님이 어려움 당하시는 것을 보고도 돕지 아니했는지 반박합니다. 주님은 그들의 행위를 보고 판단하셨지만 사실 염소들의 문제는 그들이 그리스도 안에 있지 않았기 때문에 주님이 기대하시는 열매를 맺지 못했던 것입니다.

사과나무의 가지는 사과 열매를 맺어야 하고 망고나무는 망고 열매를 맺는 것이 정상입니다. 그런데 사과나무에 망고가 열린다면 그것은 자연의 법칙을 거스른 불법입니다. 사과보다 망고가 맛있다고 해도 불법입니다. 사과나무 주인은 사과 열매를 기대하고 나무를 심었기 때문입니다.

같은 원리로 그리스도 안에 있으면 성령의 열매를 맺어야 정상입니다. 주님은 그 열매를 인정하십니다. 하나님의 뜻과는 상관없이 성령이 아닌 자기 열심으로 맺은 열매는 그것이 사람이 보기에는 훌륭해 보일지라도 인정받지 못한다는 것입니다. 오히려 불법으로 간주됩니다.

> 나더러 주여 주여 하는 자마다 다 천국에 들어갈 것이 아니요 다만 하늘에 계신 내 아버지의 뜻대로 행하는 자라야 들어가리라 그 날에 많은 사람이 나더러 이르되 주여 주여 우리가 주의

이름으로 선지자 노릇 하며 주의 이름으로 귀신을 쫓아내며 주의 이름으로 많은 권능을 행하지 아니하였나이까 하리니 그 때 내가 그들에게 밝히 말하되 내가 너희를 도무지 알지 못하니 불법을 행하는 자들아 내게서 떠나가라(마 7:21-23).

주의 이름으로 병을 고치고 귀신도 쫓아 내며 열심히 쉬지 않고 선한 일들을 많이 했다고 합니다.

사람이 보기에 좋은 열매들을 많이 맺었는데도 하나님 앞에는 그것이 불법이었다니 이런 끔찍스러운 일이 또 있을까요?

우리가 하나님의 은혜 안으로 더 깊이 나아감에 있어서 가장 걸림돌이 되는 것은 행위를 통해 하나님과 사람에게 인정받으려는 자세, 바로 '자기 의'입니다. 이것은 열심 있는 하나님의 사역자와 직분자들이 범하기 쉬운 죄입니다. 예수님을 믿는다고 하면서도 성령을 의지하지 않고 자기의 힘과 지혜로 사역하는 것입니다.

그 실례로 예수님 당시에 중 죄인으로 여겨졌던 세리장 삭개오 같은 사람들은 단지 예수님을 믿음으로 은혜를 받았습니다. 나아가 남편을 다섯 번이나 바꾸며 살다가 막판에는 여섯 번째 남자를 만나 동거하던 수가성의 한 여인도 조건 없이 받으셨습니다.

그렇게 자타가 인정하는 죄인들은 예수님에게 나아와 구원을 받는데, 오히려 율법을 따라 열심히 자기 의의 길로 걸었던 제사장이나 바리새인 같은 종교 지도자들은 자기 행위를 의지하고 있었기 때문에 그리스도를 받아들이지 않았습니다. 불법을 행하는 자들이었습니다.

사실 이것은 일반적으로 우리가 심각하다고 여기는 죄보다 더 큰 죄이지만 우리 스스로는 그것을 죄로 의식하기가 매우 어렵습니다. 교만하여 종교의 영에 속고 있기 때문입니다.

2. 자기 의의 사람은 하나님보다 일을 사랑한다

자기 의는 은혜에서 벗어난 사람들이 걸어가는 자기 구원의 길입니다. 우리 조상 아담은 범죄한 후 죄로 인해 아버지와의 관계에 심각한 문제가 발생했습니다. 그것이 관계의 문제이기 때문에 아버지와의 사이에서 풀어야 하는데 그는 아버지께 달려가는 대신 그 스스로 무화과나무 잎으로 치마를 만들어 문제를 해결해 보려 했습니다.

그리고 하나님을 피하여 동산 나무 사이에 몸을 숨겼습니다.

아담의 태도는 아버지의 마음을 매우 슬프게 했을 것입니다. 만일 아담이 그렇게 하지 않고 자기 죄로 말미암아 슬퍼하고 울면서 발가벗은 모습 그대로 아버지께 나아갔다면, 그 모든 허물에도 하나님의 마음은 기쁘셨을 것입니다. 아담은 그러한 아버지의 깊은 마음을 알지 못했기에 스스로 자기를 방어하고 변호하기에 바빴던 것입니다.

오늘날 우리 가운데도 예외는 아닙니다. 아담처럼 자기의 죄와 허물을 가리기 위해 하나님과 상관없이 자기 의의 행위들로 자기를 치장합니다. 선교, 봉사, 헌금, 선한 사업 등에 열심을 냅니다. 그 행위들 자체는 선한 것이지만 마음의 동기가 하나님 앞에 바르지 않은 것입니다.

어떤 이들은 부정한 방법으로 많은 재물을 얻고, 그 죄책감을 해결할 요량으로 불우 이웃을 돕거나 큰 전도 대회에 자금을 기부하기도 하고 또 어떤 이들은 심각한 죄에 빠져 있으면서 교회에서 열심히 봉사하는 등, 자기 의의 행위로서 죄를 상쇄하려고 합니다.

그러나 이런 것은 하나님 앞에서 '눈 가리고 아웅' 하는 것으로 하나님을 속이는 죄를 더할 뿐입니다. 사람은 속일 수 있겠지만 하나님에게는 통하지 않습니다. 우리가 그 죄를 회개하고 하나님에게 돌이키지 않는 한 그 어떤 뇌물로도 죄 문제를 해결 받을 수 없습니다. 신앙생활을 오래 해 온 성도들이 의외로 이런 오류에 빠지기 쉬운 것 같습니다. 자기는 잘하고 있다고 믿고 교만하여 스스로를 돌아보려고 하지 않기 때문입니다.

> 나의 사랑하는 자가 많은 악한 음모를 꾸미더니 나의 집에서 무엇을 하려느냐. 거룩한 제물 고기로 네 재난을 피할 수 있겠느냐 그 때 네가 기뻐하겠느냐(렘 11:15).

저희가 마나구아(니카라과 수도)에 와서도 몇몇 중·고등학교에 들어가 복음을 전했는데 점차 그 사역은 학교를 운영하고 있거나 학교에 관련이 있는 제자들에게 넘어갔고, 저희는 현지인 목회자와 교회의 리더들을 대상으로 주로 제자 훈련을 했습니다.

그런데 언제부턴가 저의 영혼은 조금씩 곤고함을 느끼기 시작했습니다. 처음 사랑이 시작되었을 때 주님으로부터 받았던 깊은 평안과 기쁨이 점점 사라졌습니다. 그럴수록 사역에 열정적으로 매달리며 사역을 통해 만족을 얻고자 했습니다. 그러나 마음 깊은 곳에는 채워지지 않는 공허감과 원인 모를 불안이 자라고 있었습니다.

원인은 내부에 자라고 있었던 '자기 의' 때문이었습니다. 당시에는 그것이 문제인 줄을 모르고 하나님의 마음을 기쁘시게 하려고 복음을 전하고 가르치는 일에 더욱 열정을 내었습니다. 하나님을 향한 갈망과 목마름이 있었지만 말씀도 매일 묵상하고 있었고 기도 생활도 어느 정도 하고 있었기 때문에 내 안에 문제가 있다고는 거의 의식하지 못했습니다.

얼마 후, 건강이 나빠져서 몸을 좀 회복하기 위하여 사역을 리더들에게 맡긴 채 안식년을 갖고 고국으로 돌아왔습니다. 그런데 주 안에서 쉼을 누릴 수가 없었습니다. 활발하게 할 사역이 없는 것이 고통이었습니다. 다시금 그 옛날의 공허감이 저를 괴롭히기 시작했습니다. 영성 훈련을 집중적으로 하게 되면서 그제야 언제부턴가 하나님이 아닌 사역이 내 삶의 중심이 되고 있었다는 사실을 깨닫게 되었습니다.

교만과 판단의 죄로 인해 하나님과의 관계에 틈이 생기고 있었는데, 그것을 깨닫지 못하고 하나님을 위해 사역을 더 열심히 함으로써 자기 의를 내세워 문제를 해소하려 했던 것입니다. 사역이 점점 우상이 되어 가고 있었고, 그동안 이룬 업적이 스스로에게 자랑이 되었습니다. 은혜로 시작했다가 육체로 마칠 뻔했는데 주께서 긍휼히 여기사 다시 한번 저에게 돌이킬 기회를 주셨습니다.

> 너희가 이같이 어리석으냐 성령으로 시작하였다가 이제는 육체로 마치겠느냐 너희에게 성령을 주시고 너희 가운데서 능력을 행하시는 이의 일이 율법의 행위에서냐 혹은 듣고 믿음에서냐 (갈 3:3, 5).

하나님은 우리의 아버지입니다. 우리가 죄로 인해 하나님 앞에 나와 진실로 회개하면 하나님이 죄를 씻어 주시고 의의 옷을 입혀 주십니다. 자기 의의 행위는 하나님 앞에서 누더기 옷을 겹겹이 걸치는 것이지만, 성령으로 말미암아 맺은 의의 열매는 세마포 옷을 짓는 재료가 됩니다.

자기 의의 사람은 성령을 의지하기보다 자기의 계획과 지식과 방법을 의지합니다. 많은 업적으로 사람들로부터 인정과 칭찬을 받으려고 합니다. 그래서 예수님을 사랑하기보다 일을 더 사랑합니다.

이처럼 우리가 자기 의를 고집스레 붙잡고 있는 한, 점점 하나님의 은혜에서 멀어지고 결국은 성화에 이를 수 없을 것입니다.

3. 자기 의가 부서져야 은혜를 입는다

욥기를 자기의와 관련하여 살펴보겠습니다. 욥은 하나님이 인정하고 칭찬할 정도로 의로운 사람이었습니다. 그가 얼마나 하나님을 경외하고 악에서 떠난 삶을 살았는지 성경은 이렇게 기록하고 있습니다.

> 그들이 차례대로 잔치를 끝내면 욥이 그들을 불러다가 성결하게 하되 아침에 일어나서 그들의 명수대로 번제를 드렸으니 이는 욥이 말하기를 혹시 내 아들들이 죄를 범하여 마음으로 하나님을 욕되게 하였을까 함이라 욥의 행위가 항상 이러하였더라 (욥 1:5).

욥은 자신이 그렇게 철저히 하나님을 경외하는 삶을 살아왔는데도 불구하고 자기에게 갑작스레 닥친 이해할 수 없는 고난 속에서 불안과 두려움의 날들을 보냅니다. 몸도 극심한 통증으로 괴로웠지만, 그보다 더 고통스러운 것은 하나님이 왜 자기에게 그런 힘든 고난을 주시는지 이해할 수 없는 점이었습니다. 그는 하나님을 경외하는 사람인지라 처음 얼마 동안은 하나님을 믿고 기다립니다.

그런데 수개월이 지나도 상황이 나아지지 않는 데다 이전에는 자기 앞에서 명함도 못 내밀던 친구들이 욥을 위선자로 치부하고 그들 스스로 의로운 체하며 욥을 판단하고 정죄합니다. 그러자 욥의 내면 깊숙이 감추어져 있었던 자기 의가 드러납니다.

> 내가 내 공의를 굳게 잡고 놓지 아니하리니 내 마음이 나의 생애를 비웃지 아니하리라(욥 27:6). 내가 의를 옷으로 삼아 입었으며 나의 정의는 겉옷과 모자 같았느니라(욥 29:14).

욥은 자기 스스로를 의롭고 지혜로운 사람이라고 생각하고 있었습니다. 그동안 자신이 젊은이들로부터 존경받고 연장자들로부터 인정받은 것은 자기가 의롭게 행했기 때문이라고 말합니다(욥 29:8-13). 그런데 환란과 궁핍과 중한 질병에 걸리자 이제는 그들이 자기를 비웃으며 미워한다고 말합니다(욥 30:1-10).

욥은 자신이 행했던 의로운 일들에 대해 언급하며 스스로의 결백을 주장합니다. 자기는 이렇게 의로운 사람인데 하나님이 그에게서 잘못을 찾으시고 그를 미워하셔서 이런 고통을 주신다고 불평합니다.

그러나 욥의 말에 모순이 있습니다. 사실 사람들이 그를 존경하고 두려워한 것은 그의 의로움 때문이었다기보다는 하나님이 그에게 주신 명예와 부요함 때문이었습니다. 욥이 의로워서 사람들이 그를 존경했다면 그가 가난하고 병들어도 존경받아야 마땅합니다. 병들고 비천한 상태에 놓였다 해서 그의 의로움이 사라지는 것은 아니기 때문입니다. 그런데 하나님이 욥에게서 그 모든 복을 거두시자 사람들의 태도는 돌변했습니다.

많은 경우에 사람들은 의로운 사람을 지지하는 것이 아니라 그들에게 유익이 되는 사람을 따릅니다. 의와 진리, 그 자체이신 예수님 조차 멸시받고 천대받으신 것이 그 증거입니다. 마침내 욥은 극한 환란 중에서 자기 의에 충만한 죄성을 드러냅니다. 욥과 같은 사람들은 아직 하나님을 깊이 체험하지 못하여 하나님과 친밀감은 누리지 못하나 그 신실함과 진실성을 하나님에게 인정받는 이들입니다.

욥을 판단하는 세 친구들과 자기 의를 주장하며 하나님을 원망하는 욥의 대화를 잠잠히 듣고 있던 엘리후가 욥의 정곡을 찌릅니다(욥 32:1-2, 9-11) 엘리후의 책망에 아무런 대답을 하지 못하고 있는 욥에게 이제는 폭풍우 가운데서 하나님의 음성이 직접 욥을 꾸짖습니다.

하나님이 나타내시면 자기의 정당함을 두고 따지겠다던 욥은 그로서는 헤아릴 수 없는 크고 광대하신 하나님의 임재 앞에서 자기의 무지함과 어리석음에 부끄러울 뿐 단 한 마디도 반론을 못 합니다(욥 42:4-6).

욥은 하나님이나 사람 앞에서 진실로 의롭게 살았습니다. 하나님도 인정해 주신 부분입니다. 그런데 그는 당대에 하나님을 최고로 경외하는 사람이었으나, 하나님과의 인격적인 교제가 아직 없었기 때문에 아버지의 깊은 은혜와 사랑을 알지 못했습니다. 그 증거로서 모든 일이 형통하고 있었던 날들에도 그의 내부에는 원인 모를 두려움이 있었다는 것입니다(욥 3:25-26).

하나님을 의지하지 않고 자기 의를 의지하는 사람에게는 내면에 이런 두려움이 있습니다.

> 사랑 안에 두려움이 없고 온전한 사랑이 두려움을 내쫓나니 두려움에는 형벌이 있음이라 두려워하는 자는 사랑 안에서 온전히 이루지 못하였느니라(요일 4:18).

사랑 안에는 두려움이 없습니다. 어떤 어려운 상황에서도 하나님이 함께하심을 믿기에 평안할 수 있고 오히려 찬양하며 감사할 수 있습니다. 욥은 아직 영적으로 하나님을 깊이 알지 못했기 때문에 하나님을 신뢰하는 데 한계가 있었던 것입니다.

하나님은 욥을 사랑하셔서 그를 더 높이 성장시키기 원했지만 자기 의가 걸림이 되었습니다. 그래서 그를 고난의 풀무 불 가운데 던져 넣으셔서 그의 마음 깊은 곳에 감추어져 있었던 그 자기 의를 드러내어 처리하게 하신 것입니다.

하박국 선지자도 하나님 앞에서 자기 의를 내세웁니다. 그는 바벨론 군대가 쳐들어온다는 소식을 듣고, 공포감에 휩싸여 창자가 흔들리고 온몸이 떨리며 뼈가 썩는 것 같았다고 자기 내부의 두려움을 고백합니다. 선지자는 불의한 나라(바벨론)가 그보다 더 의로운 나라들을 괴롭히는 모습을 보고 하나님에게 항의하며 하나님의 공의가 어디 있는지를 따져 묻습니다. 그의 기준도 자기 의입니다.

그런데 그가 하나님의 음성을 듣고 난 후에는 적군이 식량을 다 빼앗아 가고, 소를 다 잡아가서 외양간이 텅텅 비고, 채소 밭이 다 망가져서 먹을 것이 없을지라도 오직 구원의 하나님으로 말미암아 기뻐하며 찬양한다고 고백합니다.

하박국 선지자도 욥의 경우처럼 하나님을 인격적으로 만난 후, 하나님의 크고 위대하신 계획 앞에 자기 주장과 자기 의를 내려놓은 것입니다. 자기를 부인하고 바벨론을 통해 자기 민족을 연단하시려는 하나님의 뜻을 받아들입니다. 상황이 하나도 달라진 것이 없는데 하나님을 깊이 만나니, 선지자의 마음은 지옥에서 천국으로 변화되었습니다. 우리 문제의 진정한 해결은 하나님과의 관계에 그 열쇠가 있습니다.

그러므로 우리가 어떤 어려운 상황에서도 자기 방식으로 문제를 해결하려는 태도를 버리고 온전히 하나님에게 나아갈 필요가 있습니다. 어그러진 상황에서 자기 의를 내세우며, 자기를 변명하고, 누군가를 탓할 것이 아니라, 내 고집 내 주장을 내려놓고 하나님에게 나아가는 것이 지혜입니다.

하나님 앞으로 나아가면 우리는 문제가 다른 누구에게 있는 것이 아니라, 그것을 통해 나를 다루시는 하나님의 뜻이 있음을 알게 됩니다. 바로 그때, 하나님의 압도적인 사랑으로 자기 의는 무장 해제되어 버리고, 아버지의 뜻 앞에 무릎을 꿇게 되는 것입니다. 이것이 은혜이며 이기는 자가 되는 길입니다.

제3장

이기는 자를 위한 제언

이 마지막 때는 우리의 머리 되신 그리스도께서 반드시 자기에게 속한 지체들을 하나로 모아 강력한 군대를 일으킬 것입니다. 그것이 어떤 형태로 드러날지는 모르겠으나 장차 나타날 적그리스도의 세력에 대항하려면, 주의 몸 된 지체들도 하나로 연합된 군대를 이루어야 하기 때문입니다.

다윗 왕국은 그리스도 왕국의 모형입니다. 다윗의 군대는 강력했습니다. 그의 장수들은 결코 싸움에서 물러나지 않았습니다. 가는 곳마다 승리했습니다(삼하 8:14). 우리의 싸움은 그리스도로 말미암아 이미 이긴 싸움입니다. 그리스도께서 친히 우리의 대장 되십니다. 그러므로 그리스도 왕국의 군대 장관이나 장수들은 반드시 이긴 자들로 구성될 것입니다.

성경에 기록된 최상의 복은 모두 이긴 자들을 위한 것입니다(계 3:5, 12, 21).

우리는 어떻게 이기는 자들이 되며, 그리스도 왕국의 용감한 장수가 될 수 있을까요?

이 마지막 장에서는 이기는 자가 되기 위해 우리가 알고 행해야 할 것에 대해 몇가지 제언을 드리며 책을 마무리 하겠습니다.

1. 낮아지라

우리는 이 세상에서 살고 있기에 이 땅의 법칙에 잘 길들어 있습니다. 경쟁이나 자존심 싸움에서 서로 지지 않으려고 합니다. 작은 손해를 보는 것도 싫어합니다. 그런데 주님의 나라에서는 먼저 겸손하게 자기를 낮추며 엎드릴 줄 아는 자가 이기는 자입니다.

야곱과 에서 둘 중에 누가 이긴 자일까요?

야곱입니다. 그러나 세속적인 관점에서는 야곱이 에서를 이기지 못했습니다. 장자권은 하나님의 뜻과 경륜에 따라 본래 야곱의 것이었지만, 그는 형의 것을 빼앗으려 했다는 이유로, 모든 것을 버려둔 채 망명길에 올랐습니다.

영적인 것에 도무지 관심이 없었던 에서는 아버지의 모든 소유를 다 차지하고도, 동생에 대한 분을 풀지 않았습니다. 타지에서 온갖 고생을 하다가 오랜만에 돌아오고 있는 야곱의 소식을 들었을 때, 자기 군사를 이끌고 동생과 그의 가족을 치러 나옵니다.

그 소식을 듣고 야곱은 작전을 세워 보지만 형이 어떤 사람인지를 알기에 두려워하다가 하나님의 약속을 붙잡고 기도합니다(창 29:13-15; 32:12). 아무런 응답이 없습니다.

하나님이 언약과 비전을 주셨다면, 그 비전을 향해 나아가는 자의 앞길이 착착 열려야 하지 않을까요?

그런데 야곱은 오히려 더 힘든 상황에 직면합니다. 야곱은 지혜롭고 총명한 자입니다. 자기 앞의 난관을 잘 헤쳐 나가는 불굴의 의지도 있었습니다. 그는 아브라함처럼 하나님 앞에서 온전하여지고자 애썼을 것입니다. 그러니 그의 사전에는 타인에게 무릎 꿇는 일은 결코 없다고 생각하며 살아왔을 것입니다.

그 험난한 인생 여정에도 자기 지혜와 방법으로 여기까지 잘 올 수 있었는데, 이제는 도저히 헤쳐나갈 길이 보이지 않습니다. 앞이 깜깜합니다. 그 절체절명의 위기에서 가족들을 먼저 보내고 어두운 밤 강가에 홀로 남아 하나님을 기다립니다.

그날 밤, 그는 밤새도록 하나님과 씨름합니다.

씨름의 의제는 무엇이었을까?

아마도 '자기의'가 아니었을까요?

밤이 새도록 하나님 앞에서 옳고 그름을 따지며 버티던 야곱은 밤새워 씨름하느라 힘이 다 빠집니다. 환도뼈까지 위골되자, 이제 더이상 자기 힘으로 아무것도 할 수 없음을 깨닫습니다. 결국 자기 의를 내려놓고 하나님에게 필사적으로 매달립니다. 오직 하나님의 자비와 긍휼을 구합니다.

다리를 절며 일어난 야곱은 이제 이전의 그가 아닙니다. 형제간의 화해를 위해 자기주장을 포기하고 자신의 죄와 허물을 인정하며 형님 앞에 엎드립니다. 순간을 모면하기 위함이 아니라 진정으로 엎드렸기 때문에 강퍅한 에서의 마음이 풀어집니다.

상식적으로 생각해 보면, 하나님이 두 형제의 화해를 위하여 야곱이 아니라 악한 에서의 성품을 다루시는 것이 마땅하게 생각됩니다. 우리는 그런 것을 기대하며 우리 주변의 사람들을 변화시켜 달라고 하나님에게 간구합니다. 그런데 그게 아니라 하나님은 야곱을 다루십니다. 야곱은 그 사건을 통해 이기는 자가 되는 법을 비로소 배웠을 것입니다.

하나님의 사람들은 때로는 상대방이 백을 잘못하고 자신은 십분의 일 정도만 잘못했어도 그 십분의 일 때문에 상대방에게 기꺼이 무릎 꿇는 자들입니다. 그것은 비겁해서가 아니라 자기의 죄를 회개함으로 하나님 앞에서 온전케 되고자 함이요, 또 피차 이기기 위해서입니다. 야곱이 만일 끝까지 하나님 앞에서 자기를 변명하며 에서에게 무릎을 꿇지 않고 버티었더라면 이삭의 온 집안은 쑥대밭이 되었을 것입니다.

어느 날, 한 자매와 대화를 나누던 중이었는데, 그녀는 자기 형제간에 불화하게 된 경위를 설명하며 저에게 의견을 물었습니다. 사연을 들어보니, 그녀는 그리스도인으로서 부모에게 효도하며 매우 착하게 살아온 사랑스러운 여인이었습니다. 성실하게 일한 덕분에 여유 있는 삶을 살고 있었습니다.

그런데 그녀가 외국에 있는 동안 자신의 몫까지 유산을 다 차지해 버린 동생과 법정 싸움을 벌일 위기에 있었습니다. 그 상황에 대해 어떻게 하면 좋을지를 저에게 물었습니다. 이 여인은 분명히 매우 억울한 입장이었습니다.

저는 그 여인에게 단호하게 말했습니다.

"저 같으면 그 재물을 포기하고 동생과의 관계를 회복하겠습니다. 재물을 포기함으로 형제간에 화목할 수 있다면, 그쪽을 택하는 것이 주님의 뜻 아닐까요?"

그녀는 스스로는 하나님을 신실하게 섬기며 살고 있다고 생각했지만, 대부분의 성도처럼 세상의 삶의 방식에 길들어 하나님의 말씀과 세상 사이에서 적당히 타협하며 살고 있었던 것입니다. 그래서 자신이 전혀 생각해 보지 않았던 저의 제안을 듣고 고개를 끄덕이며 매우 의미심장하게 생각하는 듯했습니다.

이기는 자들은 자기의 재물이나 자존심이나 명예보다도 주님 나라의 유익을 먼저 생각합니다. 땅의 것에 연연하지 않습니다. 우리가 주께 순종하기 위해 땅의 것들을 놓아 버리면 손해를 보는 것이 아니라, 주님은 땅의 것은 물론 하늘의 신령한 것으로 채워주십니다. 그것을 믿고 말씀대로 행할 때 우리는 이 땅에서 빛과 소금이 되는 것입니다. 때로는 자기의 입장이나 주장이 백번 옳아도 먼저 화해의 손을 내밀 줄 압니다. 사랑하기 때문에 상대방의 연약함을 품어 버립니다. 이들이 주님의 길, 좁은 길에서 만나는 겸손한 사람들입니다. 주를 위해서라면 모든 것을 버리고 자기를 낮출 줄을 아는 자들입니다.

2. 진리의 깃발 아래 하나가 되라

우리 그리스도인은 개별적인 존재가 아닙니다. 몸 안에서 서로 유기적으로 연결된 지체입니다. 몸이 없으면 지체도 의미가 없습니다. 그래서 공동체의 하나 됨은 매우 중요합니다. 가정과 교회는 물론, 국가 차원에서도, 공동체로 존재하는 모든 곳에서는 하나 됨이 중요합니다. 공동체의 존폐가 거기에 달려있기 때문입니다.

어떤 공동체든 하나가 될 때 공동의 과업을 달성할 수 있으며, 공동의 행복을 이룰 수 있습니다. 교회 안에서 역사하는 종교의 영이나 자기 의는 교회 공동체의 하나 됨을 파괴하고 나아가 개 교회를 넘어 전체 몸 된 교회의 하나 됨을 파괴합니다.

하나 됨은 우리 주님의 명령입니다. 그리스도인으로서 우리에게는 신앙 공동체에서 하나 됨에 대한 올바른 인식과 그것을 지키려는 노력이 절실히 필요합니다. 그런데 신앙 공동체에서 하나 되기가 참으로 쉽지 않은 것 같습니다.

왜냐하면, 종교의 영이 지배하는 곳에서는 그 속성상 하나 됨을 이룰 수가 없기 때문입니다. 하나 됨에는 신의 성품이 요구되기 때문에 성령으로 하지 않으면 불가능합니다.

우리 한국 교회는 그리스도의 몸을 세우기 위하여 개교회가 서로를 인정하며 진리 안에서 하나 됨을 향해 함께 나아가야 할 것입니다. 우리는 하나 됨의 원리를 주께서 주신 말씀과 또 성삼위 하나님의 사역 방식을 통해 배울 수 있습니다.

> 아버지여, 아버지께서 내 안에, 내가 아버지 안에 있는 것 같이 그들도 다 하나가 되어 우리 안에 있게 하사 세상으로 아버지께서 나를 보내신 것을 믿게 하옵소서(요 17:21).

예수님은 항상 하나님 안에 거하시며, 땅에서 사시는 동안 하나님과 하나로 움직이셨습니다. 그분은 하나님의 영광의 형상이었습니다. 주님은 아버지를 보여달라고 조르는 제자들에게 "나를 본 것이 하나님을 본 것이다"(요 14:8-9)라고 말씀하셨습니다. 주의 말씀이나 가르침은 모두 하나님으로부터 받은 것이었습니다(요 8:28).

예수님은 이 땅에 계실 때 아버지와 하나 되어 아버지의 일을 하심으로 이 땅에 살아계신 하늘 아버지의 영광을 나타내셨던 것입니다. 예수님의 소원은 우리 자녀들 또한 하나님과 하나 되게 하는 것입니다. 그것을 위하여 주께서는 아버지로부터 받은 자기의 영광을 우리에게도 주셨다고 말씀하십니다.

> 내게 주신 영광을 내가 그들에게 주었사오니 이는 우리가 하나가 된 것 같이 그들도 하나가 되게 하려 함이니이다(요 12:22).

그리스도와 온전히 하나 되면, 그분의 생명과 능력이, 그분의 지혜와 영광이 우리의 삶을 통해 자연스럽게 세상에 드러납니다.

그런데 우리 인간이 그렇게 온전히 하나님과 하나 되는 비결은 무엇일까요?

어떻게 사람이 그 위대하신 하늘의 하나님과 하나가 될 수 있을까요?

우리는 예수님에게서 그 해답을 발견합니다. 그것은 '자기 부인의 삶'입니다. 예수님뿐 아니라 성삼위 하나님의 하나 됨의 원리를 자세히 살펴보면 각자의 사역 가운데에서 자기를 부인하고 자기를 보내신 이를 드러내려 하신다는 점입니다.

구약 시대 성부 하나님은 전 역사를 통해 성자 그리스도를 드러내고자 하셨고, 예수님은 이 땅에 오셔서 자기의 영광이 아니라 오직 아버지의 영광을 드러내기를 힘쓰셨습니다. 그리고 성령님이 오셨습니다.

예수님은 성령님에 대해 이렇게 소개하셨습니다.

> 그러나 진리의 성령이 오시면 그가 너희를 모든 진리 가운데로 인도하시리니 그가 스스로 말하지 않고 오직 들은 것을 말하며 장래 일을 너희에게 알리시리라. 그가 내 영광을 나타내리니 내 것을 가지고 너희에게 알리시겠음이라(요 16:13-14).

성령님은 이 땅에서 그분의 사역을 통해 예수님의 영광을 드러내고자 하십니다. 성삼위 하나님은 각자의 사역 가운데서 자기를 부인하고 서로를 높이며 서로의 영광을 드러내는 일을 하십니다. 서로 사랑 안에서 '인류 구원'이라는 공동의 목적을 이루기 위하여, 같은 목표 같은 뜻을 가지고 서로를 높이며 각각의 역할을 감당하시는 것입니다.

아담은 하나님처럼 높아지고 싶어서 하나님과의 하나 됨을 깨뜨리고 말았습니다. 그런데 제2의 아담으로 오신 예수님은 그 하나 됨 안으로 우리를 다시 회복시키기 위해서 자기를 부인하고 육신의 몸을 입고 우리와 같은 사람으로 낮아지셨습니다. 하나님과 동등하신 분이 자기를 낮추시고 사람으로 오신 것도 모자라서 가장 천한 모습으로 태어나 말구유에 누이셨습니다.

그뿐만 아니라 죽기까지 자기를 낮추시고 하나님의 뜻에 복종하셨습니다. 친히 우리에게 겸손과 낮아짐의 본이 되셨습니다. 그래서 주님의 소원대로 우리가 하나님과 하나 되는 길을 열어 주셨습니다.

주님 안으로 부르심을 받은 이들은 그 하나 됨을 유지하기 위해 서로 사랑하며 예수님처럼 자기를 부인하고 주의 뜻에 순종하는 것입니다. 이것이 우리의 삶 속에서 그리스도의 영광을 나타내는 유일한 길이며 우리의 신앙공동체가 하나 되는 길입니다.

먼저는 공동의 목적인 하나님의 뜻을 이루는 일에 모든 지체가 삶의 초점을 맞추어야 합니다. 다음은 그 뜻 안에서 각자가 자기를 부인하고 상대방을 높이는 것입니다. 어느 쪽이든 이것을 어기면 그 공동체는 진통을 겪을 수

밖에 없을 것입니다.

> 너희 안에 이 마음을 품으라 곧 그리스도 예수의 마음이니 그는 근본 하나님의 본체시나 하나님과 동등됨을 취할 것으로 여기지 아니하시고 오히려 자기를 비워 종의 형체를 가지사 사람들과 같이 되셨고 사람의 모양으로 나타나사 자기를 낮추시고 죽기까지 복종하셨으니 곧 십자가에 죽으심이라(빌립보서 2:5-8).

세상에 속한 사람들은 권력이나 부귀영화를 가지고 어떻게든 자신을 세상 가운데 드러내며 다른 사람들 위에 군림하려고 합니다. 자신을 잘 포장하여 그럴듯하게 드러내는 것이 지혜로운 사람입니다. 그들에게 십자가에 못 박힌 예수님은 매우 어리석어 보입니다.

그러나 구원 얻은 우리에게 십자가에 못 박힌 예수님은 하나님의 지혜이며 하나님의 능력입니다. 왜냐하면, 그리스도 안에서 가장 지혜롭고 능력 있는 삶은, 높은 위치에서 많은 사람에게 칭찬과 대접을 받는 것이 아니라, 바로 자기를 부인하고 자기 십자가를 지고 겸손하게 주님을 따르는 삶에 있기 때문입니다. 세상 사람들의 눈에는 그러한 삶이 초라하고 비천해 보이겠지만, 이 길이야말로 우리의 삶에서 하나님의 영광을 나타내는 길이며, 마침내 우리도 영광에 이르는 길입니다. 십자가 없이는 영광도 없기 때문입니다.

그러므로 우리 몸 된 교회가 하나 되기 위하여는 그리스도와 같은 방향성을 가지고, 그와 같은 길로 걸으며, 같은 가치를 공유함이 전제가 되어야 할 것입니다. 물론 각자 부르심을 따라 특화된 사역의 자리가 있을 것입니다.

평소에는 서로의 사역을 존중하고 인정하며 각자의 부르심에 충실해야겠지만, '하나님의 나라를 위해서'라는 공동의 목적을 위해서는 지역 교회도 자기 부인이 필요합니다. 내 교회의 유익을 내려놓고 모두가 협력하는 것입니다.

또 개 교회나 교단마다 각기 개성이 있고 독특한 부르심이 있습니다. 어느 교회는 말씀 쪽이 강하고 다른 교회는 은사적인 부분이 탁월하며, 주께서 주신 부르심에 따라 사역의 양상이 다를 것입니다. 어느 교회는 눈의 역할이 있고 다른 교회는 귀의 역할이나, 입의 역할이 있을 것입니다. 이는 하나님이 주의 몸을 온전히 세우기 위해 주신 각각의 부르심입니다.

저는 하나님의 왕국에 대한 계시를 이해한 후, 그것이 진리인지 확인하기 위해 가장 먼저 하나님의 말씀으로 그 계시가 어떻게 풀어지는지 연구하기 시작했습니다. 그리고 이 책을 쓰면서 좀 더 확신이 필요해서 주께 다른 통로를 통해 확인시켜 달라고 간구했습니다.

그랬더니 한번은 국제적인 예언 사역자의 설교를 통해 확인받았고, 다른 한 번은 교회의 중보 기도 시간 중 성령님의 음성으로 확인시켜 주셨습니다. 저를 도운 그 사역자들은 저의 사정을 전혀 알지 못하는 상태였지만 성령께서 그들을 통해 저에게 분명하게 말씀하셨습니다.

만일 제가 성경 말씀만 진리라고 고집하며, 은사자들의 역할을 무시하는 태도를 취했다면 결코 얻을 수 없는 유익이었습니다.

우리 사역자들이 자기 분야에 충실하되 서로의 다름을 인정하며 다른 사역자들과 서로 존중하고 협력한다면 주님의 몸이 얼마나 더 풍성함을 누리겠습니까?

적그리스도는 자기의 나타날 때를 위하여 준비하고 있습니다. 세계를 단일 정부(짐승 정부)로 만들려는 계획 아래, 모든 종교를 하나로 통합하려 하고 있으며, 장차 거기에 반대하는 주의 몸 된 교회들을 핍박할 것입니다.

또 건강한 도덕적 가치를 파괴하여 가정을 해체하고 사람들의 정신세계를 부패시키려 합니다. 통제 사회를 지향하며, 교회를 조종하려 할 것이고, 거기에 저항하는 교회와 성도들을 핍박할 것입니다. 진실로 깨어있는 성도들은 그러한 일들이 지금 우리 사회에서 일어나고 있는 것을 볼 것입니다. 그들의 표적은 신실하게 진리를 따르는 주의 몸 된 교회입니다.

그러므로 몸 된 교회는 진리 안에서 하나 되어야 합니다. 불의와 싸우며 복음 전파에 총력을 기울여야 할 것입니다. 우리 각각의 신앙 공동체는 그리스도의 몸의 지체로서, 이제는 자기의 사욕만을 좇는 자들이 되지 말고 주안에서 하나 되기를 힘써야 합니다. 대적이 누구인지를 바르게 알고 하나 되어 사탄의 계략에 대응해야 할 것입니다.

우리는 본성상 모두 이기적이며 탐욕적인 존재들입니다. 이러한 죄를 인정할 때 우리의 삶의 진정한 변화는 시작됩니다. 이제는 우리가 그런 죄와 연약함을 이겨야 할 때입니다. 좋으신 우리 하나님 아버지께서는 우리의 그러한 영적인 고질병을 고치기 위해 때로는 자녀들에게 혹독한 고난을 허락하시는 것입니다.

3. 아버지의 본심을 알라

아브라함, 욥, 모세, 야곱, 요셉, 다윗 등 수많은 우리 믿음의 선진처럼 오늘 우리 세대에도 사고나 질병, 또 여러 가지 고통으로 연단 가운데 있는 지체들이 참으로 많습니다. 종종 온라인 찬양 채널에 들어가 보면, 댓글에 고난 중에 있는 지체들의 믿음의 고백을 보게 됩니다.

그 사연들을 읽을 때면, 눈물이 솟구치고 얼굴도 한번 본적이 없는 지체들을 위해 간절한 기도가 절로 나옵니다.

고통받는 형제들을 바라보는 우리 주님의 가슴은 얼마나 시리고 아프실까요?

하나님은 보다 더 깊은 차원의 은혜로 우리를 이끄시기 위해 때로는 너무하다 싶을 정도로 징계하고 연단 하십니다. 연단에 대한 정도의 차이는 우리가 일반적으로 생각하는 것처럼 죄의 경중에 의한 부분도 있겠지만, 그보다는 연단 받는 사람의 영적 수준이나 또는 하나님의 어떤 특별한 계획에 따른 경우가 많은 것 같습니다. 보통 우리가 고난당 할 때 가장 먼저 생각하는 것은 이런 질문입니다.

'내가 하나님에게 잘못하고 있는 것은 아닐까?'

우리의 이러한 반응은 하나님 앞에서 좋은 태도인 것같습니다. 고난을 통해 자신을 돌아보며 죄와 허물을 깨닫기 때문입니다. 그런데 고난이 쉽게 끝나지 않고 계속될 때, 마음이 낙심되거나 하나님을 원망하기가 쉽습니다.

'하나님이 이제 날 버리신 것일까?'

이런 부정적인 생각들로 힘들어지기도 합니다. 이처럼 난이도가 높은 시련을 통과하고 있을 때 우리를 향하신 아버지의 생각과 뜻이 무엇인지를 아는 것은 매우 중요한 것 같습니다.

반대로 하나님을 믿는다고 하면서도 제멋대로 살고있는 사람들이 자기의 계획들이 형통하는 것에 대해 그것을 하나님의 은혜로 여기며, 신실한 하나님의 사람들이 고난당하는 모습을 보고 속으로 이렇게 생각할 수 있을 것입니다.

'하나님이 나에게는 이렇게 복 주시는데 저 형제는 고난만 당하니 그것은 그가 나보다 의롭지 못한 증거가 아니겠나?'

그것은 하나님의 의중을 전혀 모르고 하는 말입니다.

> 너희가 참음은 징계를 받기 위함이라 하나님이 아들과 같이 너희를 대우하시나니 어찌 아버지가 징계하지 않는 아들이 있으리

> 요 징계는 다 받는 것이거늘 너희에게 없으면 사생자요 친아들이 아니니라(히 12:6-8).

하나님 앞에 죄 없는 사람은 없습니다. 우리가 고난당하는 것은 하나님이 우리의 죄와 허물에도 불구하고 우리를 포기하지 않고 계속 다듬고 계시다는 증거입니다. 자녀로서 하나님의 거룩하심에 참여케 하기 위한 것입니다. 하나님은 아주 버려질 사생아에게 관심을 갖지 않습니다. 이 땅에서나마 잘 먹고 잘살도록 버려두시는 것이 그들을 향한 하나님의 자비입니다.

우리가 이해할 수 없는 고난 중에 있을 때, 스스로 느끼는 것과는 달리, 오히려 고난이 크면 클수록 그것은 하나님이 우리를 사랑하시고 우리에게 많은 관심을 갖고 계시다는 증거입니다. 이것은 고난 가운데서도 하나님에게 찬양하고 감사할 이유입니다. 아무리 고통스러워도 아버지의 선하심을 믿고 감사함으로 나아가면, 그 고난의 끝에서 반드시 복 주시는 하나님을 만날 것이기 때문입니다.

유다의 남 왕국이 범죄함으로 말미암아 하나님이 바벨론 제국을 통해 그들을 징계하셨을 때, 예루살렘의 장로들과 제사장들이 바벨론으로 포로되어 갔습니다.

하나님은 포로 되어간 유대인들에게 예레미야를 통해 이렇게 말씀하십니다.

> 주께서 인생으로 고생하게 하시며 근심하게 하심은 본심이 아니시로다(애 3:33).

> 나 여호와가 말하노라 너희를 향한 나의 생각은 내가 아나니 재앙이 아니라 곧 평안이요 너희 장래에 소망을 주려하는 생각이라(렘 29:11).

설령 우리가 하나님에게 범죄하여서 징계를 받고 있다고 할지라도 우리를 향한 하나님의 본심은 그것을 통해 복과 은혜를 주시려는 것입니다. 징계의 목적이 재앙이나 심판이 아니니, 소망을 가지고 믿음으로 견디어 내라는 것입니다.

우리 주위의 모든 힘든 상황들은 어쩌면 우리를 성장시키기 위해 하나님이 허락하신 것입니다. 어떤 중한 질병이나 우리를 힘들게 하는 사람들, 또 가혹한 환경들, 이런 것들이 설령 이 사회의 죄악으로 말미암은 것이라 해도 그 모두는 우리를 하나님의 사람으로 온전하게 세우는데 사용되는 재료들입니다.

그러므로 그것이 징계이든 연단이든 하나님을 신뢰하고 믿음으로 인내하는 사람은 고난 중에라도 의와 평강의 열매를 맺게 됩니다.

하나님은 자녀 된 우리를 사랑하십니다. 우리에게 항상 최선의 것을 주기 원하십니다. 그런데 우리는 때때로 간절히 구하는 것을 받지 못할 때가 있습니다. 아버지가 너무 인색하게 느껴지기도 합니다.

무엇이 문제일까요?

니카라과에서 저희의 주된 사역은 제자 훈련입니다. 지금은 모바일 사역이지만 현장에 있을 때나 크게 다르지 않은 것 같습니다. 단지 말씀만 가르치는 것이 아니라 그들의 삶의 영역에서 말씀대로 살아가도록 훈련하는 것입니다.

그런데 초기에는 생활 습관이나 문화적인 차이가 커서 오해로 빚어지는 문제들이 종종 발생했습니다. 사도 바울이 말한 해산의 수고가 무엇인지를 이해할 것 같았습니다. 가난한 그들은 선진국에서 온 다른 나라 선교사들을 만나면 아무래도 물질적인 후원을 기대합니다.

그러한 습성을 깨뜨리고 말씀에 집중하게 하는 것은 여간 어려운 일이 아니었습니다.

제자들이 원하는 것이나 필요가 무엇인지를 알기에 인간적인 동정심을 절제하는 것이 쉽지 않았습니다. 만일 어떤 기준이 없이 그들의 필요에 따라 물질 문제를 해결해 주면 관심이 거기에 집중되어 계속 더 요구하게 됩니다.

마치 예수님이 유대인들에게 각색 병든 자와 귀신들린 자들을 고쳐 주고 오병이어의 기적으로 그들의 문제를 해결해 주었어도, 백성들이 생명의 말씀을 듣기는 싫어하고, 계속 표적을 요구하며 그들의 육신적인 필요를 해결해 주기를 바랐던 것과 같습니다.

우리 인간이 본시 그렇습니다. 받으면 더 받기를 기대하고, 이미 받은 것에 대한 고마움은 속히 잊어버리고, 원하는 것을 주지 않으면 원망하고 불평하며 돌아서는 것입니다. 제자 훈련 초기에 그러한 제자들의 모습을 보면서 마음 아파하고 있을 때였습니다.

그것을 통해 주께서는 받은 은혜를 너무 쉽게 잊어버리고, 뭔가 내 뜻대로 되지 않으면 하나님을 향해 섭섭한 감정이 올라오는 저의 내면을 보게 하셨습니다.

잘해 주어도 믿어주지 않고 자기들의 뜻대로 해주지 않으면 곁길로 향하는 제자들을 바라보는 저의 아픈 마음은 때때로 나를 바라보시며 슬퍼하시는 아버지의 마음과 같은 것이었습니다. 그런 제자들이 세월이 흐른 지금은 어린아이에서 벗어나 이제는 사역의 동역자들이 되었습니다.

우리가 시련으로 힘들어하며 그 문제를 해결해 달라고 울며 기도할 때, 아직 돕지 못하는 우리 하늘 아버지의 마음은 얼마나 아프실까요?

얼마의 시간이 흘러야 우리는 아버지의 그 깊은 마음과 사랑을 이해할 수 있을까요?

그 같은 극심한 고통과 절망의 때라도 누군가 아버지의 선하심을 믿고 감사와 기쁨으로 반응하며, "아버지, 괜찮아요, 좀 더 기다릴게요"라고 말해 준다면, 우리 하늘 아버지의 마음은 얼마나 상쾌하실까요?

우리는 하나님의 성전입니다. 거룩하신 성령 하나님이 우리 안에 계시기 때문입니다. 성전은 깨끗하고 거룩해야 합니다(고전 3:16-17). 이스라엘 자손은 시내산에서 성막을 세울 때 성소 안에 있는 언약궤, 등잔대, 떡상은 물론 그 외에 하나님을 섬기는 데 쓰이는 모든 기구는 순금으로 만들거나 순금을 입혔습니다(출 37장).

그리고 그 위에 거룩한 기름을 바른 후 직무를 감당하게 했습니다. 순금은 순결, 순전함을 의미합니다. 순금을 얻기 위해서는 원석을 용광로에 던져 제련해야 하듯이 하나님을 섬기는 우리도 마음에서 불순물을 제거하고 순전함을 갖기 위해 반드시 연단이 필요합니다.

어떤 특별한 소명을 받은 이들은 그 연단이 더 클 것입니다. 그러므로 우리에게 불시험이 오는 것을 볼 때 이상히 여기거나 낙심하지 말고 믿음으로 견디는 것이 지혜입니다.

욥기는 고난 중에 있는 이들을 위한 지혜가 담긴 책입니다. 욥기에는 하나님이 욥을 시험하신 진정한 이유가 겉으로는 드러나 있지 않습니다. 하나님은 마치 경솔한 사람처럼 단순히 감정에 들떠서 욥을 자랑하다가 사탄의 꾀에 걸려든 모양새입니다.

욥이 하나님을 경외하는 것이 순전한 마음에서인지 아니면 복을 받기 때문인지, 그것을 사탄에게 확인시켜 주려고 시험하도록 허락한 것처럼 보입니다. 마치 순진한 하나님이 사탄의 꾀에 넘어간 것 같습니다. 혹독한 시험을 통과한 욥이 받은 축복에 대해서도 성경은 단지 이렇게 말합니다.

> 여호와께서 욥의 곤경을 돌이키시고 여호와께서 욥에게 이전 소유보다 갑절이나 주신지라(욥 42:10).

욥이 받은 그 혹독한 고난의 대가가 고작 잃어버린 자녀들 대신 더 아름답고 훌륭한 자녀들을 주신 것과 이전의 소유보다 갑절로 복 주신 것이 전부인 양 기록하고 있습니다. 그런데 우리가 욥기서를 읽고 나서 다음과 같이 생각하고 적용하는 것으로 만족해 버린다면, 말씀을 절반도 이해하지 못하는 것입니다.

'아, 욥이 애매한 고난을 받은 후에는 갑절의 복을 받았구나, 나도 어떤 어려움을 만나도 욥처럼 인내하고 하나님을 배반하지 말아야지, 그럼 나도 갑절의 복을 받을 거야!'

그 책 속에는 욥의 이야기를 통해 말씀하려 하시는 하나님의 특별한 의도와 목적이 담겨있습니다. 욥을 고난의 용광로에 던져 시험하신 진짜 이유를 욥의 고백에서 찾을 수 있습니다.

> 그러나 내가 가는 길을 그가 아시나니 그가 나를 단련하신 후에는 내가 정금같이 나오리라(욥 23:10).

사탄이 시험을 통해 욥을 아주 파멸시킬 작정으로 한껏 꼼수를 부리며 욥을 시험해보자고 하나님을 부추길 때, 하나님은 마치 그 계략에 넘어간 것처럼 시험을 허락하십니다. 그것은 사람으로서는 감당하기 어려운 혹독한 시련이었습니다. 하나님이 참 무심해 보입니다. 우리는 여기서 하나님을 오해하기가 쉽습니다.

그러나 하나님은 사탄에게 욥을 자랑하기 전에 이미 욥에 대한 특별한 계획을 가지고 계셨는데, 그 계획을 실행하기 위해 사탄을 이용하신 것입니다. 하나님은 욥이 어떠한 인물인지를 아셨기에 그에게 더 큰 은혜를 주시려고 그 고된 시련을 허락하셨습니다. 이것이 우리를 자녀 삼으시고 단련하시는 하나님의 속마음입니다.

우리가 이해할 수 없는 크고 작은 고난을 당할 때 거기에는 우리를 파멸시키려는 마귀의 전략이 있다는 것을 파악할 필요가 있습니다. 그뿐 아니라 또 그 고난을 통해 무언가 우리를 위해 선한 뜻을 이루시려는 하나님의 본심을 볼 수 있어야 합니다.

우리가 이 두 가지를 알면 아무리 혹독한 고난 중에라도 마귀에게 지지 않고 믿음으로 반응하여 하나님을 기쁘시게 할 수 있을 것입니다. 욥은 당대 최고의 영성가였지만, 적당한 삶의 본보기가 없어서 하나님의 뜻을 알 길이 없었기에 무척이나 힘들었을 것입니다.

그런데 우리에게는 너무도 확실한 삶의 모델이 있습니다. 우리 주 예수 그리스도입니다. 예수님은 인간으로서는 견디기 어려웠던 그 모든 고난 앞에서도 하나님을 향한 사랑, 겸손, 그리고 순종의 본을 친히 우리에게 보이셨습니다. 그리고 제자들은 그 뒤를 따랐고 또 그것은 제자 된 우리가 가야 할 길입니다.

고난은 유익입니다. 고난은 우리를 성장하게 합니다, 자녀는 성장함에 따라 아비의 뜻과 생각을 잘 이해합니다. 아버지가 왜 저런 말씀을 하시는지 그 속마음을 읽고 거기에 응답합니다. 아버지의 필요에 따라 반응하니 여름 추수 날에 얼음냉수처럼 아버지의 마음을 시원케 합니다.

고난의 끝에서 우리가 누리게 될 영광은 그리스도와 하나 되는 것이며, 그리스도의 영광을 함께 누리는 것입니다. 우리로서는 가히 상상할 수도 없는 복입니다. 이것이 우리를 향한 하늘 아버지의 마음입니다. 우리가 아버지의 마음을 알면 모험이 쉬워지고 다가오는 고난이 두렵지 않게 됩니다.

안전하게 얕은 물가에서만 물장구치는 것이 아니라 더 넓고 깊은 은혜의 바다를 향해 나아갈 용기가 생깁니다. 아버지의 마음을 알고 고난을 잘 이기려면 지속적으로 영의 말씀을 먹고 성장할 필요가 있습니다.

4. 영의 양식을 먹으라

예수님은 자신이 생명의 떡이며 영원한 생수를 주는 분이니 주께 나아오라고 말씀하십니다. 생명의 떡이나 생수는 같은 의미로써 우리에게 영원한 생명을 주는 양식입니다. 그것이 수가성의 여인처럼 영적으로 목마른 자에게는 생수가 되고, 굶주리는 자에게는 생명의 떡이 될 것입니다.

> 내 살을 먹고 내 피를 마시는 자는 영생을 가졌고 마지막 날에 내가 그를 다시 살리리니 내 살은 참된 양식이요 내 피는 참된 음료로다(요 6:54-55).

우리는 영적 존재입니다. 육신의 건강을 유지하기 위해 매일 음식을 먹어야 하듯이 우리의 영이 건강하게 자라려면 매일 영의 양식을 먹어야 합니다. 영이 강건해야 죄와 마귀의 세력을 대항할 힘이 있기 때문입니다.

우리를 살리는 영의 양식, 생명의 떡은 무엇일까요?

우리는 어떻게 그것을 구할 수 있을까요?

오병이어의 기적을 체험한 유대인들은 예수님을 억지로 데려다가 왕을 삼으려고 했습니다. 그들은 모세가 광야에서 조상들에게 만나를 내려주었던 것처럼 자기들에게도 그 같은 표적을 달라고 예수님에게 요구합니다. 왕이 되어 굶주리는 자들을 위해 매일 오병이어의 기적을 일으켜 주고 병든 자들을 고쳐 달라는 것입니다.

그러자 예수님이 이렇게 말씀하십니다.

> 내가 곧 생명의 떡이니라 너희 조상들은 광야에서 만나를 먹었어도 죽었거니와 이는 하늘에서 내려오는 떡이니 사람으로 하여금 먹고 죽지 아니하게 하는 것이니라 나는 하늘에서 내려온 살아있는 떡이니 사람이 이 떡을 먹으면 영생하리라 내가 줄 떡은 곧 세상의 생명을 위한 내 살이니라 하시니라(요 6:48-51).

영생을 얻기에는 관심이 없고, 육적인 것에만 매달리는 유대인들에게, 예수님은 매일 먹어도 결국은 죽게 되는 떡만 구하지 말고, '예수님의 살을 먹고 영생하라'고 말씀하십니다. 우리를 살리기 위해서 십자가에서 찢기신 주님의 살이 참된 떡이요, 흘리신 피가 참된 음료이니 예수님의 살과 피를 먹고 마심으로 영생을 얻으라고 하십니다(요 6:54-55).

그들의 조상들이 광야에 있을 때 하늘에서 내려준 만나는 장차 오셔서 영원한 생명의 떡이 되실 예수님을 상징합니다. 이제 참 떡이 왔으니 그 떡을 먹고 영생을 얻으라고 하십니다. 그러나 그들은 이해하지 못합니다.

"어떻게 우리에게 자기 살을 먹으라는 거지?

우리가 식인종인가?"

이렇게 투덜거리다가 자기들의 기대를 저버린 예수님에게 화를 내며 가버립니다. 예수님을 따르던 여러 제자도 이 말씀이 너무 어렵다고 서로 수군거리다가 하나 둘 떠나기 시작합니다.

예수님은 실망이 크셨습니다. 많은 표적과 이적을 통해 자신이 하나님이 보내신 그리스도임을 백성들에게 나타내셨으나, 땅의 것에만 관심이 있고 영원한 소망에 대해서는 도무지 관심이 없는 백성들을 보며 한숨이 절로 나왔을 것입니다. 이제 주님은 열두 제자에게 물으십니다.

> 너희도 가려느냐?(요 6:67).

그러자 베드로가 나서서 대답합니다.

> 주여, 영생의 말씀이 주께 있사오니 우리가 누구에게로 가오리이까(요 6:68).

역시 수제자입니다. 놀랍습니다. 그 수 많은 무리 중에 예수님의 말씀을 제대로 알아들은 사람은 베드로뿐이었습니다. 주께서 말씀하신 자기의 살은 '영생의 말씀', 곧 '주의 말씀'이었던 것입니다. 베드로는 예수님이 자기의 살과 피가 생명의 양식이라고 하셨을 때, 그것은 예수님의 입에서 나오는 말씀을 의미한다는 것을 바로 이해했습니다.

예수님에게서 나오는 생명의 말씀은 기록된 성경 말씀과는 구별되기 때문에 주께서는 그것을 말씀이라고 하시지 않고, '자신의 살'이라고 표현하신 것 같습니다.

예수님의 살과 피는 우리를 살리기 위해 십자가에서 상하고 찢긴 자기의 몸을 가리킵니다. 예수님은 곧 말씀입니다. 사람으로 이 땅에 오시기 전, 그 존재 자체가 말씀이셨습니다.

> 태초에 말씀이 계시니라. 이 말씀이 하나님과 함께 계셨으니 이 말씀은 곧 하나님이시니라. 말씀이 육신이 되어 우리 가운데 거하시매 우리가 그의 영광을 보니 아버지의 독생자의 영광이요 은혜와 진리가 충만하더라(요 1:1, 14).

그러므로 우리에게 내어 주신 예수님의 존재의 본질, 그 찢기신 살과 흘리신 피는 태초에 계셨던 '말씀'(Logos)입니다. 로고스는 신·구약 성경보다 훨씬 크며, 그 '말씀'의 범위를 우리는 다 헤아릴 수 없습니다. 확실한 것은 예수님이 '영이요 생명의 말씀'이라는 것입니다(요 6:63).

로고스이신 예수님이 사람이 되어 이 땅에 오신 것은 우리에게 자기를 내어 주셔서 우리로 생명을 얻게 하고 더 풍성히 얻게 하려 함이었습니다(요 10:10). 이스라엘 제사장들은 성막에서 섬길 때 진설(떡)상에 항상 떡이 있게 했습니다.

그러므로 우리도 매일 예수님의 살을 먹어야 우리 안에 그리스도의 형상을 이루기까지 성장할 수 있습니다. 그런데 이제 예수님은 떠나셨고 우리는 제자들처럼 주님으로부터 생명의 말씀을 직접 들을 수가 없습니다.

어디서 어떻게 우리는 영이요 생명이신 살아있는 말씀을 찾아 먹을 수 있을까요?

예수님은 영으로 우리 안에 들어와 계시기 때문에, 우리는 다양한 방식으로 주의 음성을 들을 수 있습니다. 가장 일반적으로는 신·구약 성경 말씀을 통해 예수님의 음성을 듣고 주님의 뜻을 깨닫습니다.

나아가 주님이 허락하시면 우리도 믿음의 조상들처럼 내적인 음성이나 꿈, 환상, 예언 그리고 자연 만물이나 특정한 사건 등을 통해서도 우리에게 말씀하시는 주님의 음성을 들을 수 있습니다. 주님은 다메섹 도상에서 사도 바울에게 말씀하셨던 것처럼 지금 우리에게도 나타나셔서 말씀하실 수 있습니다.

물론 그 모든 것은 기록된 말씀과 기도로써 분별하고 확인할 필요가 있습니다. 확실하지 않은 것을 가지고 다른 사람과 나누는 것은 좋지 않을 것입니다. 특히, 아직 미성숙한 이들은 매우 조심해야 할 영역입니다.

반면에 그것을 부정하는 이들은 지금도 우리에게 친히 영으로 말씀하시는 주의 음성을 들을 수 없을 것입니다. 어떤 이들은 자기가 듣지 못함으로 인해, 성경 말씀 외의 모든 음성은 다 부정해 버리기도 합니다. 이 양극단은 바람직하지 않습니다. 하나님이 우리에게 주신 신·구약 성경 66권은 우리가 가장 신뢰할 만한 주님의 말씀입니다. 성령의 감동하심으로 기록된 책이기 때문입니다.

예수님도 구약성경을 하나님의 말씀으로 인정하셨고(요 5:39), 광야에서 40일 금식 후 마귀에게 시험을 받으실 때, 성경 구절들을 가지고 마귀의 유혹을 물리치시기도 하셨습니다. 이 땅에서 예수님의 태어나심과 죽으심 등 우리 주님의 모든 삶은 기록된 말씀(구약성경)들을 이루기 위한 것이었습니다(막 14:21). 성경은 크게 역사서, 시가서, 예언서로 구분되어 있습니다.

그중에서 가장 큰 비중을 차지하는 것이 역사서입니다. 거기에는 사건이나 인물 중심의 이야기가 전개됩니다. 등장인물이나 사건들에 대해 담백하게 사실들을 기록하고 있지만, 그 안에는 엄청난 보물이 숨겨져 있습니다. 성경 말씀 속에서 하나님의 뜻을 발견하는 것은 마치 밭에 숨겨둔 보물을 찾는 것에 비유할 수 있을 것입니다. 저자는 그것들을 세세하게 풀어서 설명해 주지 않습니다. 쉽게 찾지 못하도록 곳곳에 난제들을 남겨 두고 있습니다.

선지서나 시가서들도 마찬가지입니다. 많은 비유와 상징, 또 하나의 사건 속에 시대를 뛰어넘는 이중적 또는 다중적 메시지가 있을 수 있습니다. 앞서 나눈 욥기서의 경우처럼 욥기를 기록한 사람도 미처 인식하지 못한 하나님의 의도와 계획이 감추어져 있을 수 있습니다.

우리의 영적 성숙도에 따라 같은 본문이라도 이해하는 수준과 폭이 달라집니다. 그래서 성경은 평생을 읽고 연구해도 다 찾을 수 없는 보물들로 가득 차 있는 것입니다. 만일 누군가 수십 년 동안 성경을 읽고 또 읽었기 때문에 이제 내용을 다 알고 있어서 성경 읽기에 흥미를 잃고 있다면 그것은 그의 영이 성장을 멈추고 있다는 증거입니다. 자신의 신앙 상태가 올바른지 돌아봐야 할 때입니다.

성경 안에 감추어진 아버지의 깊은 마음과 뜻을 찾는 것은 우리의 몫입니다. 그것은 마치 사막에서 샘을 발견했는데 그 샘이 너무 깊어서 물을 길어내기가 쉽지 않은 것과 같습니다. 사막을 지나가던 많은 이들이 목이 말라서 샘을 찾아왔다가도, 너무 깊어서 손이 닿을 수 없는 것을 보고 실망하여 포기하고 돌아갈 것입니다. 시원하고 상쾌한 샘물은 그림의 떡처럼 보입니다. 깊은 샘일수록 물을 길어 올리기가 쉽지 않을 것입니다.

그런데 목이 말라서 죽을 것 같은 사람들은 한두 번 시도해 보고 돌아가지 않습니다. 여러 번 반복하다가 안 되면 포기하는 것이 아니라, 숲속에 있는 칡넝쿨이나 넓고 질긴 나뭇잎, 돌멩이나 주변의 도구들을 사용하여 필사적으로 물을 길어 올리려고 할 것입니다. 깊은 물은 바로 그런 이들의 것입니다.

우리가 성경에서 생명의 물을 얻으려면, 말씀을 읽고 묵상할 때 그렇게 진리를 갈망하는 마음이 필요합니다. 목마른 사슴이 시냇물을 찾듯이 필사적으로 찾고 구할 때 하나님이 우리의 눈을 열어서 보게 하십니다.

은혜는 값없이 주시는 것이지만 하나님의 눈에 귀한 자에게 주시는 것입니다. 귀한 보물이기 때문에 아무에게나 주시지 않습니다. 가장 깊은 샘물은 하나님을 죽도록 사랑하고 미치도록 알기 원해서 구하고 찾고 두드리는 자에게 주실 것입니다. 진주를 돼지에게 던져주지 않습니다. 그러므로 천국은 침노하는 자의 것이어야 마땅합니다.

지금처럼 종이가 있지 않았던 옛날에는 성경을 기록할 때, 파피루스나 양피지로 된 두루마리에 기록했습니다.

하나님은 환상 가운데 예언의 말씀을 주실 때, 선지자들에게 말씀이 기록된 두루마리를 갖다 먹으라고 하셨습니다. 주님의 살과 피, 즉 생명의 말씀은 읽고 단지 머리로 이해하는 정도가 아니라 먹어 삼키는 것입니다.

> 내가 천사의 손에서 작은 두루마리를 갖다 먹어버리니 내 입에서는 꿀같이 다나 먹은 후에 내 배에서는 쓰게 되더라(계 10:10).

말씀이 입에서는 꿀같이 달콤한데, 배에서는 쓰게 되더라고 말합니다. 우리가 말씀을 듣고 깨달아질 때는 꿀처럼 달콤하지만, 그것이 우리의 삶에서 소화되어 순종으로 나오기까지는 고통이 따릅니다.

예를 들어 아브라함이 독자 이삭을 바치는 사건을 읽을 때, 그것은 매우 감동적입니다. 그런데 그 말씀이 우리의 삶에서 순종으로 이루어져야 할 때, 그것은 너무나 쓰디쓴 고통이 따릅니다. 말씀이 육신이 되는 것입니다.

이처럼 영의 말씀은 단지 지식으로 머리에 머무는 것이 아니라 반드시 육신의 행함으로 이어집니다. 우리의 신앙 연조에 따라 어떤 말씀은 먹을 수 있고 또 어느 부분은 먹을 수 없는 것들이 있을 것입니다.

그러므로 우리가 성경 말씀을 읽는다고 해서 그것을 다 받아먹는 것이 아니라 그중에서도 우리 각자에게 그때그때 주시는 것들이 있다는 것입니다. 특별히 성령께서 우리 각자에게 비추어 주시는 말씀들, 그것이 주님의 살, 곧 그날그날 우리가 먹을 생명의 양식입니다.

기록된 말씀 곧 성경은 예수님을 담고 있는 그릇에 해당한다고 볼 수 있습니다. 구약성경은 장차 오실 예수님을, 신약성경은 오신 예수님과 다시 오실 예수님을 담고 있습니다. 그러므로 신·구약 성경을 한마디로 요약한다면 '예수 그리스도'라고 할 수 있을 것입니다.

그런데 우리가 성경 말씀을 읽을 때, 말씀을 먹지 않고 겉으로 드러난 문자적인 것들만 읽게 되면, 그 안에 담긴 속뜻을 이해할 수 없고, 나아가 순종할 수도 없을 것입니다. 말씀의 내용은 모르고 그릇만 보는 셈이 됩니다. 수박의 겉핥기입니다. 바리새인처럼 하나님의 뜻을 크게 오해할 수밖에 없습니다.

우리는 어떻게 성경에서 예수님의 살과 영의 말씀을 찾아 먹을 수 있을까요?

5. 기름 부음을 충만히 받으라

일반적인 책처럼 단순히 지식을 습득하듯이 성경을 대하면 예수님의 살과 피, 곧 생명이며 영의 말씀을 얻어 먹기가 어렵습니다. 그래서 영의 말씀을 얻기 위해서는 성령의 기름 부음이 필요합니다. 영적인 것은 영으로만 이해할 수 있기 때문입니다.

> 너희는 주께 받은 바 기름 부음이 너희 안에 거하나니 아무도 너희를 가르칠 필요가 없고 오직 그의 기름 부음이 모든 것을 너희에게 가르치며 또 참되고 거짓이 없으니 너희를 가르치신 그대로 주 안에 거하라(요일 2:27).

기름 부음은 성경의 보물 창고를 여는 열쇠일 뿐만이 아니라 우리의 기도, 찬양, 사역(섬김) 등 신앙생활 전반에 필요한 성령의 능력입니다. 자동차에 기름이 떨어지면 멈추어 버리듯이 우리의 영적 생활을 활력 있게 하려면 반드시 기름 부음을 충만히 받아야 합니다.

그러므로 위로부터 거룩한 기름을 받기 위해 우리의 마음을 항상 정결하게 유지하고 하나님에게 간구할 필요가 있습니다.

내가 또 너희에게 이르노니 구하라 그러면 너희에게 주실 것이요 찾으라 그러면 찾아낼 것이요 문을 두드리라 그러면 너희에게 열릴 것이니 구하는 이마다 받을 것이요 찾는 이는 찾아낼 것이요 두드리는 이에게는 열릴 것이니라 너희 중에 아버지 된 자로서 누가 아들이 생선을 달라 하는데 생선 대신에 뱀을 주며 알을 달라 하는데 전갈을 주겠느냐 너희가 악할지라도 좋은 것을 자식에게 줄 줄 알거든 하물며 너희 하늘 아버지께서 구하는 자에게 성령을 주시지 않겠느냐 하시니라(눅 11:9-13).

성령님은 매우 인격적인 분입니다. 그래서 일방적으로 우리에게 오시는 것이 아니라 우리가 그분을 사랑하고 환영하며 겸손하게 요청할 때 오십니다. 귀신처럼 속이거나 두렵게 하는 등 편법으로 오시지 않습니다. 그분을 간절히 사모하여 찾고 구하고 두드리는 자에게 오십니다.

성령님은 그리스도를 믿는 자들 안에 내주하십니다. 내주하시는 성령님은 우리의 마음을 다듬어서 그리스도의 성품을 닮게 하시고 성령의 아홉 가지 열매를 맺게 하십니다. 또 성령께서는 일곱 불을 켠 일곱 등잔이 있습니다(계 1:4-5; 4:5; 레 24:3-4).

일곱 등불은 일곱 영입니다. 각각의 영들에 이름이 있습니다. 지혜와 계시의 영(엡 1:17), 총명과 모략의 영, 권능(재능)의 영, 지식의 영, 여호와를 경외하는 영입니다. 예수님이 이 땅에서 사역을 시작하실 때 강림하셨던 성령(기름 부음)입니다.

> 이새의 줄기에서 한 싹이 나며 그 뿌리에서 한 가지가 나서 결실할 것이요 그의 위에 여호와의 영 곧 지혜와 총명의 영이요 모략과 재능(권능)의 영이요 지식과 여호와를 경외하는 영이 강림하시리니(사 11:2).

이사야서에서는 일곱 영 중에서 여섯 영-지혜의 영, 총명, 모략, 재능(권능), 지식, 여호와를 경외하는 영-에 대해서만 기록하고 있어서 이사야서에 빠져 있는 한 '영'을 찾아 보았는데, 사도 바울이 에베소서에서 지혜와 계시의 영을 언급합니다.

이 두 영은 하나는 계시로써 하나는 지혜로써 우리로 하나님의 뜻을 알게 하는 역할을 하는 영들입니다(엡 1:7) 그래서 이사야 선지자가 언급한 여섯 영에 '계시의 영'을 더하니 일곱 영으로 완전하게 되었습니다.

이스라엘 자손을 위해 있었던 광야의 성막은 하나님이 모세에게 보여 주신 식양대로 하늘 성소를 본떠 세운 것이었습니다(출 25:8-9).

사도 요한은 하늘 성전에 성부, 성자, 성령께서 함께 계시는 모습을 보고, 성부, 성자, 성령의 이름으로 편지를 쓰면서 삼위일체 하나님을 이렇게 표현합니다.

> 요한은 아시아에 있는 일곱 교회에 편지하노니 **이제도 계시고 전에도 계셨고 장차 오실 이(하나님)시며** 그의 **보좌** 앞에 있는 **일곱 영(성령님)**과 또 충성된 증인으로 죽은 자들 가운데에서 먼저 나시고 땅의 임금들의 머리가 되신 **예수 그리스도**로 말미암아 은혜와 평강이 너희에게 있기를 원하노라 … (계 1: 4-5).

이제 성막(성전)은 오늘날 우리 안에 있습니다. 우리 주 예수 그리스도의 구속 사역을 통해 하나님이 우리 마음에 보좌를 두실 수 있게 되었습니다. 그것은 태초부터 꿈꾸신 하나님의 염원이자 그 아들 예수 그리스도의 염원입니다.

> 지극히 존귀하며 영원히 거하시며 거룩하다 이름하는 이가 이와 같이 말씀하시되 내가 높고 거룩한 곳에 있으며 또한 통회하고 마음이 겸손한 자와 함께 있나니 이는 겸손한 자의 영을 소생시키며 통회하는 자의 마음을 소생시키려 함이라(사 57:15).

보좌에 계신 하나님에게 자유롭게 나아갈 수 있는 길이 우리에게 열렸습니다. 성부 하나님의 보좌(지성소)가 있고, 일곱 영(일곱 금 촛대)과 생명의 떡(떡상)이 있는 살아 움직이는 성전이 우리 마음 안에 세워집니다. 그곳에서 성부, 성자, 성령 하나님과 언제나 교제하고 교통할 수 있습니다. 이로써 우리와 하나 되기 위해 보혜사 성령님을 보내 주신 예수님의 소원이 이루어집니다.

> 내가 비옵는 것은 이 사람들만 위함이 아니요 또 그들의 말로 말미암아 나를 믿는 사람들도 위함이니, 아버지여, **아버지께서 내 안에, 내가 아버지 안에 있는 것 같이 그들도 다 하나가 되어 우리 안에 있게 하사** 세상으로 아버지께서 나를 보내신 것을 믿게 하옵소서. 내게 주신 영광을 내가 그들에게 주었사오니 이는 우리가 하나가 된 것 같이 그들도 하나가 되게 하려 함이니이다(요 17:20-22).

성삼위 하나님은 우리 안에 성전을 이루시고 자녀된 우리와 이 땅에서 하나되려 하신 것입니다. 아담 때 잃어버렸던 에덴동산이 우리의 마음에서 회복됩니다. 마음 천국입니다. 마음 천국을 이루고 유지하려면, 제사장들이 매일 아침과 저녁으로 등불을 관리하며 등잔에 기름을 부어 주어야 했듯이 우리도 위로부터 기름(성령)을 부어 주시기를 사모함으로 우리 안에 불이 꺼지지 않도록 매일 관리할 필요가 있습니다(레 24:3-4).

성령님은 항상 우리 안에 계시지만 각각의 등잔의 기름은 빛을 비추느라 소모되기 때문에 위로부터 채워 주시기를 매일 구해야 합니다.

저는 새벽에 일어나 말씀을 읽기 전에, 먼저는 믿음으로 예수님의 보혈의 피를 머리부터 발끝까지 뿌리며 나를 정결케 합니다. 말씀에 집중할 수 있도록 특별히 머리에 많이 뿌리며 잡념과 산만함을 차단합니다.

그리고 하나님이 약속하신 성령의 기름 부음, 특별히 지혜와 계시의 영에 더 기름 부어 주시기를 간절히 기도합니다. 기름 부음은 성경을 읽을 때 빛을 비추사 진리에 눈뜨게 하십니다. 거룩하게 구별됨으로 말씀에 집중하게 됩니다. 내 지식이 아닌 성령에 의하여 말씀이 깨달아지는 것을 경험합니다. 전에는 도무지 이해되지 않았던 구절에 이르러 갑자기 눈이 열리고 말씀이 가슴에 와닿습니다.

때로는 지식으로만 알고 있던 익숙한 구절들이 어느 날 갑자기 그 의미가 온몸에 전율을 일으킬 정도로 깨달아집니다. 이렇게 주시는 말씀들은 단지 머리에 지식으로만 머무는 것이 아니라 성령으로 말미암아 우리의 마음 판에 새겨지고 순종으로 나타납니다. 말씀을 먹은 것입니다.

그러므로 단순히 성경 말씀을 읽고 연구한다고 해서 생명의 말씀을 얻을 수 있는 것이 아닙니다. 성경을 처음부터 끝까지 백독을 해도 삶의 변화가 일어나지 못할 수 있습니다. 어느 스님이 성경 백독을 했다고 해서 그의 강의를 잠시 들어 보았는데 그는 진리를 전혀 이해하지 못하고 있었습니다.

그런데, 우리는 어느 날 성경 한 구절을 통해서도 삶이 변화되는 놀라운 일들을 경험합니다. 성령께서 친히 생각나게 하시고 가르쳐 주실 때입니다. 우리가 성경을 읽을 때 기름 부음으로 말미암아 감동으로 깨닫게 해주시는 말씀들이나, 또는 어느 날 특정한 상황 속에서 갑자기 깨달아지는 말씀들이 있습니다.

그것이 영적 성장을 위해 우리에게 필요한 '생명의 떡'입니다. 물론 이러한 원리를 알지 못해도 주님과 지속적으로 교제하고 교통하며 좋은 관계를 유지할 수 있습니다.

그런데 이러한 지식은 우리에게 분별력을 주어서 영적 생활에 크게 도움이 됩니다. 영적 성장을 위한 실제적인 지침으로 삼으면 도움이 될 것입니다. 기회가 되면 다른 채널을 통해 그 세세한 방법을 여러분과 나눌 수 있을 것입니다.

저는 예수님을 만난 후 그 누구로부터도 성경을 체계적으로 배운 적이 없습니다. 성경 읽기에 도움이 되는 서적들을 참고했을 뿐입니다.

신학교 다니고 있을 당시 너무나 말씀에 갈급하여 공허한 마음을 채우려고 성경 강좌가 열리는 곳을 찾아다녔지만, 만났던 곳은 주로 이단이었습니다. 감사하게도 그때마다 내 안에 계신 성령께서 막으셨기 때문에 거기에 걸려들지는 않았습니다.

결국, 성령님께 도우심을 구하며 혼자서 성경을 정독하기 시작했습니다. 이해가 되지 않는 부분들은 반복해서 읽으니 조금씩 이해가 되었습니다. 성경 통독 관련 도서나 성서의 배경이 되는 자료들을 참고하니 도움이 되었습니다. 사건이나 스토리가 있는 역사서들은 재미가 있었지만 예언서들은 좀 어려웠습니다.

그런데 역사서들을 잘 이해하고 나니 예언서들도 눈에 들어오고 거기서 하나님의 마음을 느낄 수 있었습니다. 영의 말씀은 학식이 풍부하다고 잘 이해하거나 지식이 짧다고 이해를 못 하는 것은 아닌 것 같습니다.

딸아이가 초등학교 3학년 때였습니다. 당시 저희 부부는 조그만 사업을 했기 때문에 아침에 나가면 저녁에야 돌아왔고, 아이는 방과 후에 할아버지와 할머니의 돌봄을 받으며 집에서 지내고 있었습니다. 학원을 거의 다니지 않고 있었으니 함께 놀 만한 친구가 없어서 심심하다고 자주 전화가 걸려 왔습니다.

어느 날 저는 아이를 불러 놓고 성경을 읽으면 어떻겠냐고 제안했습니다. 아이는 어렸지만, 성령님에 대해 민감했고 주님을 사랑하는 마음이 있었기에 흔쾌히 동의했습니다. 저는 창세기부터 매일 열 장씩 읽도록 분량을 정해 주며, 엄마가 일을 마치고 집에 돌아오면 그 이야기를 들려 달라고 요청했습니다.

첫날 퇴근 후, 집에 돌아왔는데 엄마가 묻기도 전에 아이는 신이 나서 읽은 내용들을 조잘조잘 다 얘기하는 것이었습니다. 어린이 성경도 아니고 일반 성경이었습니다. 이런저런 질문에도 잘 대답했습니다. 아이는 수재나 영재가 아니라 그저 평범한 아이입니다.

저는 처음 성경을 읽기 시작할 때, 집중이 잘되지 않아서 그 정도 수준에 이르기까지 얼마나 힘겨운 씨름을 해야 했는데, 아이는 체계적으로는 처음 읽는데도 그 줄거리들을 잘 이해했습니다. 흥미를 느낀 아이는 엄마가 체크하지 않아도 방과 후에는 매일 꼬박꼬박 말씀을 읽었습니다. 어느 날은 그날 오후에 예레미야서를 다 읽었다고 말했습니다.

"그 어려운 책을?"

놀라서 예레미야서를 읽고 어떤 느낌을 받았느냐고 물었습니다. 그랬더니 눈물을 글썽이며 이렇게 말했습니다.

"엄마!

하나님이 너무 불쌍해, 사람들이 말을 너무 안 들어!"

매우 놀라지 않을 수 없었습니다. 어린아이가 말씀을 읽으며 스토리만 읽는 것이 아니라 하나님의 마음을 읽고 있었습니다. 성령의 기름 부음이 아이를 가르치고 있었던 것입니다. 어른보다 오히려 더 쉽게 아이들이 성경에서 영이요 생명인 말씀을 찾아 먹는 것 같습니다.

> 그 때 예수께서 대답하여 이르시되 천지의 주재이신 아버지여 **이것을 지혜롭고 슬기 있는 자들에게는 숨기시고 어린 아이들에게는 나타내심을** 감사하나이다 옳소이다 이렇게 된 것이 아버지의 뜻이니이다. 내 아버지께서 모든 것을 내게 주셨으니 아버지 외에는 아들을 아는 자가 없고 **아들과 또 아들의 소원대로 계시를 받는 자** 외에는 아버지를 아는 자가 없느니라(마 11:25-27).

하나님을 믿고 사랑하는 이에게는 그가 어리든 무식하든 가난하든 상관없이 성령님이 오십니다. 기름은 정결하고 깨끗한 그릇에 부어집니다. 어른들은 세상의 근심이나 걱정, 또는 잡념이나 자기 생각이 많아서 정결함을 유지하기가 힘들지만, 아이들은 단순해서 쉽게 집중하고 잘 믿습니다.

어쩌면 많은 이들이 이미 기름 부음을 받으며 살고 있지만 그것이 기름 부음인지를 모르는 경우도 있을 것입니다. 저도 그중의 하나였는데 이제 기름 부음에 대한 지식이 있게 되니 늘 그것을 소중하게 관리할 마음을 갖게 되어서 참 좋습니다.

지식으로는 주님을 아주 잘 알고 있어도 기름 부음을 받지 못했던 사람들의 이야기가 성경에 나옵니다. 알렉산드리아 출신 아볼로와 그의 제자로 추정되는 에베소의 몇

몇 형제들입니다. 에베소에서 바울의 제자 브리스가와 아굴라가 아볼로를 만났을 당시, 그는 언변도 좋고 구약성경에 능통해 예수를 그리스도라고 가르쳤지만, 성령을 알지는 못했습니다. 그런데 바울이 그들에게 침례를 주고 안수하자 성령이 임했습니다(행 18:24-28; 19:1-6).

이처럼 성령의 기름 부음은 권위 있는 자로부터 안수를 통해 받기도 하지만 또 매우 인격적인 분이기에 사모하며 간절히 구하고 찾고 두드리는 이에게 부어 주십니다. 이것은 주께서 우리에게 주신 약속입니다.

베드로와 사도들의 경우에도 마찬가지입니다. 그들은 예수님을 믿었고 수많은 무리 가운데서 제자로 택함을 받았습니다. 수제자 베드로는 훌륭한 믿음의 고백을 하고 주님을 기쁘시게 하기도 했습니다.

그런데 주께서 제자들을 가장 필요로 했던 그날, 수제자 베드로는 예수님을 모른다고 부인했고, 나머지 제자들도 다 스승을 떠나 달아나 버리고 말았습니다. 그러나 또 얼마 후에 그들은 사랑하는 주님을 위해 자기 생명을 초개같이 버릴 수 있는 능력과 담대함을 갖게 되었습니다.

무엇이 제자들을 이렇게 다른 사람으로 변화시킨 것일까요?

오순절 날 마가의 다락방에서 성령 받기를 사모하며 간절히 기도할 때, 위로부터 부어 주시는 성령의 충만함 곧 기름 부음을 충만하게 받았기 때문입니다(행 2:1-4).

어부 출신 베드로에게 지혜와 계시와 총명의 영이 부어지니, 그가 담대하게 복음을 전할 때 그의 설교를 듣고 많은 이들이 주께 돌아옵니다. 권능(재능)의 기름이 부어지니 각종 은사가 나타나며 큰 능력을 행하기도 합니다. 사실 이 부분에서도 예수님이 우리의 본보기 되십니다.

예수님은 자신이 하나님이심에도 불구하고 스스로의 능력으로 사역하지 않고 성령의 권능(기름 부음)을 받아서 사역하셨습니다. 이는 우리에게 본보기가 되려 하심입니다.

> 예수께서 그 자라나신 곳 나사렛에 이르사 안식일에 늘 하시던 대로 회당에 들어가사 성경을 읽으려고 서시매 선지자 이사야의 글을 드리거늘 책을 펴서 이렇게 기록된 데를 찾으시니 **곧 주의 성령이 내게 임하셨으니 이는 가난한 자에게 복음을 전하게 하시려고 내게 기름을 부으시고** 나를 보내사 포로 된 자에게 자유를, 눈 먼 자에게 다시 보게 함을 전파하며 눌린 자를 자유롭게 하고 주의 은혜의 해를 전파하게 하려 하심이라 하였더라 (눅 4:16-21).

6. 처음 사랑을 회복하라

무엇이 처음 사랑일까요?

첫사랑을 경험해 본 사람들은 그것이 무엇인지 쉽게 이해할 것입니다. 마치 춘향이가 이 도령을 사모함같이 오매불망 그만을 생각합니다. 머리 속이 온통 그에게 집중되어 있습니다.

어떻게 하면 그를 기쁘게 할까?

그만을 뜨겁게 사랑합니다. 어떤 유혹에도 흔들리지 않습니다. 그 외에 다른 사람에게는 관심이 없습니다.

이같은 사랑을 경험한 지 수십 년이 되어서도 잃어버리지 않고 잘 간직하고 계십니까?

너무나 훌륭하십니다. 참 귀한 분입니다.

그런데 처음 사랑을 잃어버렸습니까?

어디서 어떻게 찾아야 할지 막막한가요?

첫사랑을 잃어버리는 것은 어쩌면 오랜 성장 단계에 서 있을 수 있는 하나의 수순이라고 볼 수 있을 것입니다. 아담이 값없이 받은 첫 은혜를 잃어버린 것은 그 은혜의 소중함을 잘 알지 못했기 때문이었습니다.

그것을 잃어버린 후에야 그 가치를 알고 얼마나 통회했을까요?

우리도 다르지 않은 것 같습니다. 건강할 때는 건강한 것을 너무나 당연하게 생각하고 몸을 소홀히 관리합니다. 그런데 질병과 통증으로 고통을 당하면 건강한 몸을 갖는다는 것이 얼마나 중요한지를 절실히 깨닫게 되지만 다시 회복하는 데는 몇 배의 인내와 노력이 필요합니다.

주님과의 첫사랑도 변함없이 꾸준히 성장하고 성숙하기만 하면 얼마나 좋을까요?

그런데 원수가 그것을 가만두지 않습니다. 아담처럼 영적으로 아직 무지하고 순진한 단계에서 사탄의 교활함을 분별하고 물리치는 것은 정말 쉽지 않습니다. 다윗과 솔로몬도 당했습니다. 시편 51편은 범죄한 후, 처음 사랑을 잃어버린 다윗이 하나님 앞에서 통회하며 상한 심령으로 회복을 위해 기도하는 모습을 보여 줍니다.

> 하나님이여 내 속에 정한 마음을 창조하시고 내 안에 정직한 영을 새롭게 하소서. 나를 주 앞에서 쫓아내지 마시며 주의 성령을 내게서 거두지 마소서. 주의 구원의 즐거움을 내게 회복시켜 주시고 자원하는 심령을 주사 나를 붙드소서(시 51:10-12).

다윗왕이 선지자로부터 책망을 받고 정신을 차려보니, 이전에 그렇게 즐거웠던 구원의 감격을 잃어버렸습니다. 마음에는 평안이 없고 혼란스러우며, 찬양과 기도는 더 이상 즐거움이 아니라 힘든 작업이 되어버린 자기 모습을 발견합니다. 하나님으로부터 멀리와 있음을 느낍니다. 그는 하나님이 성령을 거두어 가실까 봐 두려워서 상한 심령으로 아버지께 나아가 간절히 기도합니다.

우리도 죄와 허물로 말미암아 하나님과 가졌던 처음 사랑 - 구원의 감격과 기쁨, 하나님과의 깊은 교제 등 - 을 잃어버릴 수 있습니다. 그런데 중요한 것은 그것을 빨리 깨닫고, 어디서 어떻게 잃어버렸는지를 찾아내어 회개하고 반드시 회복해야 한다는 것입니다. 돌이키지 않으면 우리 삶을 향한 하나님의 뜻을 이루지 못할 것이기 때문입니다.

예수님으로부터 책망받은 소아시아의 에베소 교회가 그러했습니다, 에베소 교회는 사도 바울이 2차 전도 여행 때, 2년 동안이나 머물며 말씀을 강론하고 제자들을 양육하며, 심혈을 기울여 세운 교회입니다.

바울 선교 사역의 거점이라 할 수 있었던 그 교회는 복음을 받은 후, 약 오십 년 정도 지났을까, 처음 사랑을 잃어버리고 주님으로부터 책망을 받습니다. 에베소 교회는 말씀에 충실했고, 복음의 진리를 수호하기 위해 인내하고 수고한 교회였습니다. 그런데 어떤 연유에서인지 처음 사랑을 잃어버렸고 주님과의 관계에 문제가 생겼습니다.

아무리 열심이 특심이며 충성을 다 바쳐도 하나님을 향한 사랑과 믿음에 기초하지 않으면 책망받습니다. 주님은 그 이유를 찾아서 회개하고 처음 사랑을 회복하라고 하십니다.

> 내가 네 행위와 수고와 인내를 알고… 또 네가 참고 내 이름을 위하여 견디고 게으르지 아니한 것을 아노라 그러나 너를 책망할 것이 있나니 너의 처음 사랑을 버렸느니라. 그러므로 어디서 떨어졌는지를 생각하고 회개하여 처음 행위를 가지라 만일 그리하지 아니하고 회개하지 아니하면 내가 네게 가서 네 촛대를 그 자리에서 옮기리라(엡 2:2-5).

처음 사랑을 회복하는 것은 그 과정이 처음 은혜를 받았을 때보다 훨씬 힘듭니다. 주께서는 처음과 같은 방식으로 단번에 그 은혜를 회복시켜 주시지 않습니다. 그것은 옛 언약의 수혜자 모세가 두 돌판을 받았던 것에 비유할 수 있을 것입니다.

하나님이 처음 모세에게 돌판을 주실 때는 두 돌판을 친히 깎고 다듬어 만드신 후 거기에 십계명(율법)을 기록하여 주셨습니다. 모세는 아무것도 할 필요가 없었습니다.

그런데 이스라엘의 불순종으로 모세가 첫 번째 받았던 두 돌판을 던져서 깨뜨린 후, 다시 언약을 받아야 했을 때, 이번에는 하나님이 돌판을 친히 다듬지 않으시고 그것을 모세에게 직접 깎고 다듬어서 만들어 오게 하셨습니다. 모세가 수고하여 처음 것과 같은 모양으로 두 돌판을 만들어 가져가자 하나님이 거기에 율법을 기록해 주셨습니다. 두 돌판은 우리의 마음을 상징합니다(렘 31:31-33).

모세가 받은 첫 돌판처럼 첫사랑도 처음 우리에게 주실 때는 우리의 마음 상태에 상관없이 무조건 부어주시는 것으로 경험합니다.

앞서 다룬 것처럼 주께서 사마리아의 우물가에서 주님은 그 여인에게 은혜를 줄 터이니 먼저 너의 죄를 찾아서 모두 회개하고 정결하게 한 뒤에 다시 오라고 하지 않았습니다. 그냥 조건 없이 은혜를 베푸셨고 그 은혜(그리스도)로 말미암아 여인은 죄와 멀어졌습니다. 참 사랑을 찾고 나니까 사랑에 대한 목마름이 해결되어 더이상 이성의 애정을 구할 필요가 없게 된 것입니다. 삭개오를 만났을 때도, 간음하다 현장에서 잡힌 여인에게도 예수님은 그들을 책망하거나 정죄하시지 않았고 구원받기 위한 그 어떤 것을 요구하지 않았습니다.

주님은 단지 가난한 마음으로 주께 나아오는 그들의 중심을 보셨고, 그들은 우리 주님을 영접하는 순간 죄와 질병과 귀신의 속박에서 자유함을 받았습니다. 이 첫 은혜를 받기 위해 무엇인가를 해야 할 필요가 없었습니다. 이것이 처음 주어진 사랑의 은혜입니다.

그런데 시간이 흐르면서 영적 교만이나 나태함으로 처음 사랑의 은혜를 잃어버리면, 자기도 모르는 사이에 옛 성품과 죄성이 살아납니다. 다시 죄의 속박에 매이게 되고 은혜에서 점점 멀어지게 됩니다.

그뿐 아니라 처음에는 갖지 않았던 많은 죄성이 신앙생활과 관련하여 더해집니다. 성경과 관련하여 사람들로부터 배운 비 진리에 속한 지식들, 편견, 고정 관념, 자기 견해, 자기 의, 교만 등 잡다한 것들이 주님과 우리 사이에 쌓이게 됨에 따라 주님과의 관계는 점점 냉랭해집니다.

자신이 처음 사랑을 잃어버린 줄도 모르고 습관처럼 또는 의무감으로 열심히 주를 위해 헌신하지만 성령이 아니라 점점 자기 힘과 지혜로 합니다.

이 과정이 점진적이기 때문에 자신은 잘 알아차리지 못합니다. 영과 진리로 드리던 살아 있고 감격적인 예배가 점점 사라지고, 습관적인 예배, 기쁨 없는 찬양 등, 예배당에 몸만 가 있습니다. 마음은 굳어진 채 훌륭한 종교인이 됩니다.

이렇게 되면 오랜 세월 하나님을 섬긴다고 수고하지만 결산할 때 주인으로부터 인정받지 못하는 자가 됩니다. 포도원 품꾼의 비유에 귀를 기울일 필요가 있습니다 (마 20:1-16).

포도원 주인은 아침 여덟 시에 일을 시작하여 오후 다섯 시까지 온종일 일한 일꾼이나 마감 한 시간 전에 와서 일한 일꾼에게 동일하게 하루 품삯을 주었습니다. 맨 나중에 온 자들은 너무 기뻐하며 주인에게 감사했습니다. 당연히 먼저 온 자들은 더 받을 것이라 기대했는데 그렇지 않으니 불평합니다. 나중 온 자들에게는 확실히 파격적인 대우가 아닐 수 없습니다.

이 부분을 읽을 때 우리는 본성적으로 먼저 온 자들의 입장에 공감하며 하나님의 태도에 의문을 갖습니다. 불공평해 보입니다.

포도원 주인의 입장에서는 무엇이 기준이었을까요?

그것은 일의 양이나 시간이 아니라 주인의 뜻에 합당하게 일했느냐가 기준이었습니다. 주인은 나중 온 사람들부터 품삯을 계산합니다. 그들이 일하는 것을 지켜보니 늦게라도 자기들을 불러준 것이 너무 감사해서 주인을 위해 자원함과 즐거움으로 일을 성실하게 하는 것입니다. 그것을 보고 주인은 마음이 동하여 그들에게 좋은 대우를 해준 것입니다. 주인의 뜻입니다.

그런데 먼저 들어온 일꾼들을 지켜보니 그들은 처음에는 자기를 불러준 주인에게 감사하는 것 같더니 점점 그 은혜를 잊어버립니다. 자원함이 아니라 품삯을 바라보며 마지못해 일합니다.

때로는 오히려 주인의 일에 방해가 됩니다. 주인의 맘에 들지 않습니다. 포도원 주인은 일을 잘하든 못하든 하루 품삯은 정한 것이니 먼저 온 자들에게는 약속한 대로 한 데나리온씩을 주었습니다. 이들에게는 보너스를 주고 싶지 않았던 것입니다.

주께서는 자기 왕국에서 일하는 일꾼들에게도 이와 같은 일들이 많이 일어날 것이라고 하십니다. 일찍 은혜받은 후, 계속 은혜 가운데 살지 못하고 종교적이며 율법적인 신앙생활로 돌아간 자들을 향한 예수님의 경고 메시지입니다.

처음 사랑을 잃어버렸다는 사실을 깨닫고, 저는 그것을 되찾기 위한 여정을 시작하면서 처음 주님을 만났을 때처럼 마음과 뜻을 다해 주께 나아갔습니다. 매일 말씀을 읽고 묵상하며 말씀을 붙잡고 회개하곤 했지만, 처음과 같이 단번에 자유와 평강과 기쁨을 얻는 일이 일어나지 않았습니다.

마음이 낙심되려 할 때, 성령께서 모세의 두 돌판이 생각나게 하셨습니다. 이전에도 가끔 그 부분을 읽을 때 이런 의문을 던지곤 했었습니다.

"하나님이 두 번째 돌판은 왜 모세에게 직접 다듬어 오라고 하셨을까?"

그런데 처음 사랑을 다시 회복하는 것과 관련하여 두 돌판에 대해 아주 중요한 것을 깨닫게 하셨습니다. 앞서 설명했듯이 첫사랑은 저의 마음 상태와는 상관없이 단지 하나님으로부터 주어졌습니다. 주님을 처음 만나던 때, 단지 깨지고 상한 마음으로 주께 나아갔습니다.

그런데 주님을 만나니, 나를 얽매고 있던 모든 것들, 슬픔, 낙심, 우울, 열등감, 시기, 질투에서 해방되었습니다.

겉모습은 여전했지만, 사마리아 우물가의 여인이 예수님을 만나자 바로 변화되었던 것처럼 저의 속사람은 이전과는 완전히 다른 사람이 되었습니다.

마음 깊이 주의 평강이 임했습니다. 깊은 기도에 쉽게 들어갔고 거기서 주님과 영으로 대화를 나누곤 했습니다. 물론 이것은 저의 지극히 개인적인 체험입니다. 어떤 이들은 저와는 달리 가랑비에 옷 젖듯이 서서히 처음 사랑의 은혜를 경험한 이들도 있을 것입니다.

그런데 처음 사랑을 잃어버린 후 다시 찾고자 했을 때, 처음처럼 하나님이 저의 마음을 단번에 바꾸어 주지 않으시고, 모세의 두 번째 돌판처럼 마음 판을 스스로 갈고 다듬어서 만들어야 한다는 것이었습니다. '스스로'라고 하지만 내 안에 계신 성령님의 도움이 없이는 불가능한 일입니다.

주께서는 저를 이전 것과는 완전히 다른 재질로 새롭게 빚으시기 원하신다는 것을 깨달았습니다. 깨지고 상한 처음 것은 완전히 부숴 버리고, 재창조의 과정을 통해 처음 것보다 더 견고하고 온전하게 하시려는 것입니다.

예를 들어 화를 잘 내는 성격을 온유함으로 다듬고, 시기와 질투는 사랑의 마음으로, 주님의 뜻을 거스르는 고집, 고정 관념, 선입견 등 혼에 굳어져 있는 단단한 것들을 제거하여 순종의 마음을 갖게 하고, 이기심, 탐욕, 세상을 사랑하는 마음, 사람에게 인정받고 싶은 마음, 그리고 높아지고 싶은 마음 등을 제거하여 사랑의 마음을 갖게 하고, 겸손하고 부드럽고 온유한 마음의 상태로 되돌리는 것입니다.

주 예수님 보혈의 능력과 성령의 권능으로 죄로 인해 마비되었던 양심을 되살리고 온갖 상처로 인해 병든 정서와 마음이 치유되며 점차 거룩한 그릇으로 준비됩니다. 믿음으로 간절히 기도할 때, 놀랍게도 성령께서 오래된 죄의 습관에서 하나씩 벗어나게 하심을 경험했습니다.

마음 그릇이 준비됨에 따라 하나님은 그 안에 보좌로부터 흐르는 폭포수 같은 은혜, 완전한 자유와 평강, 나아가 하나님의 영광을 부어 주십니다. 그 과정을 통해 성삼위 하나님이 거하시는 성전이 우리 안에 온전히 세워집니다. 겸손하게 성령의 운행하심을 따라 수종을 드는 사역을 하게 됩니다.

저에게는 이 과정이 일 년 정도 지속되었는데 고통스럽고 힘든 부분도 있었지만, 그 과정을 통해 보난 성품이 부드러워지고 내 안에 있었던 편견, 고정 관념, 고집 등이 하나하나 부서져 나가는 소중한 경험을 하게 되었습니다. 문제에 대한 분별력이 생기니 어떤 일에도 놀라거나 두려워할 이유가 없어졌습니다.

또한, 영적 전투에 필요한 지식을 얻게 됩니다. 길고 힘든 과정이지만 우리를 온전케 하셔서 다시는 옛사람으로 돌아가지 않고 그리스도의 형상을 이루게 하시려는 하나님의 놀라운 은혜입니다. 처음 것(마음)이 흙으로 빚어진 것이었다면 두 번째는 놋과 같이 견고하게 빚어지는 것입니다(렘 15:20).

이것은 처음 사랑을 되찾은 저의 경험이기에 일반적인 것은 아닐 수도 있을 것입니다만 처음 사랑을 되찾기 원하는 이들에게는 도움이 되리라 생각합니다. 이러한 고된 훈련 가운데 있을 때 갑자기 어릴 적 많이 보았던 누에나방의 한살이가 궁금해서 찾아보았습니다.

어렸을 때 우리 동네에는 뽕나무가 아주 많았습니다. 해마다 오월이면 친구들의 집에서는 대부분 누에를 쳐서 명주실을 뽑아냈는데, 어린 저에게는 궁금한 것이 많았습니다. 연약한 애벌레가 어떻게 그 많은 실을 입으로 다 뽑아내어 고치를 만들 수 있는지, 어떻게 고치 속에서 전혀 다른 형태의 나비로 변형될 수 있는지, 또 그 연약한 나비가 어떻게 단단한 고치를 뚫고 나올 수 있는지 참으로 놀라운 일이 아닐 수 없었습니다.

누에나방의 한살이를 살펴보며 정말 우리 하나님의 기막힌 섭리가 진한 감동으로 느껴졌습니다. 그러한 미물을 통해 저의 모습을 보게 하시는 그 섭리가 ….

누에나방의 한살이는 약 40일 정도로, 알에서 태어난 애벌레는 네 번의 탈피 과정을 거치며, 몸을 키우는 데 25일이 걸립니다. 다 자라면 번데기가 되기 위해 안전한 곳을 찾아 자기 몸을 고정시키고, 자기 입으로 1,500미터 정도의 실을 뽑아내어 고치를 만듭니다. 그리고 안전한 고치 속에서 번데기가 되고, 번데기가 된 지 일주일이 지나면 나비가 되어 고치를 뚫고 나옵니다.

번데기로 변한 애벌레는 단단하고 굳은 상태라서 표면상으로는 칠 일 동안 아무것도 하지 않는 것처럼 보이지만, 사실 그 내면에서는 치열한 성장 과정을 겪는다고 합니다. 스스로를 죽이고 그 양분으로 자신과는 완전히 다른 형태의 나비로 거듭나는 것입니다. 죽지 않으면 다시 태어나지 못합니다.

치열한 싸움은 거기서 끝나지 않습니다. 번데기에서 부화한 나비는 죽을힘을 다해 바늘구멍같은 고치를 뚫고 나오게 되는데. 그 작은 구멍으로 통과해 나오기 위해 몸부림치는 과정에서 비대한 몸을 줄이고 연약한 날개를 키웁니다. 마지막으로 사투를 벌이는 반복적인 노력을 통해 고치에 미세한 구멍을 뚫고, 그곳을 통과해 나와 창공으로 날아오릅니다. 그리고 8일 정도를 나방으로 살면서 짝짓기를 한 후 400-500개의 알을 낳고 며칠 후 죽는다고 합니다.

어느 생물학자가 나비의 변태를 관찰하는 중에 바늘만큼 좁은 틈을 비집고 나오는 나비가 안타까워 가위로 고치에 구멍을 내주었다고 합니다. 그래서 나비들은 넓어진 구멍으로 쉽게 빠져나올 수 있었는데, 문제는 그 나비들이 다른 나비들처럼 힘있게 창공으로 날아오르지 못하고 땅 위에 힘없이 뒹굴더라는 것입니다. 고치의 작은 구멍을 힘겹게 빠져나오는 과정은 나비가 날 수 있도록 몸을 단련시키고, 젖은 날개의 수액을 말리기 위해 반드시 필요한 과정이라는 것입니다.

고치를 만들지 않고 나방이 되는 배추 애벌레와 같은 것들은 번데기 상태에서 천적에게 노출되어 그들의 먹이가 되기 쉽다고 합니다. 또한, 날개가 젖은 상태로 태어나기 때문에 바로 날지 못하고, 젖은 날개가 마르기를 기다리는 동안에도 위험하다고 합니다. 이는 충분히 준비되지 못한 상태에서 영적인 은사들을 받고 잘못하다가 하나님에게 버림받는 사역자들에 비유될 수 있을 것입니다.

진실로 예수님을 믿고 따르는 이들에게는 환란과 핍박이 따릅니다. 주의 뜻대로 살고자 하면 핍박을 받는 것이 당연한 일이지만, 아직 미숙하고 영적인 분별력이 없기에 거기에 육적으로 반응하다가 상처를 입게 되고, 우리 내부에는 쓴 뿌리(판단, 고집, 자기 주장 등)가 자라게 됩니다.

상처와 쓴 뿌리로 인해 주님과의 교통에 막힘이 오고 조금씩 처음 사랑에서 멀어지며 마음은 낙심이 됩니다. 다윗도 환란과 핍박 가운데 있을 때 그런 경험을 했습니다.

> 수많은 재앙이 나를 둘러싸고 나의 죄악이 나를 덮치므로 우러러볼 수도 없으며 죄가 머리털보다 많으므로 내가 낙심하였음이니이다(시 40:12).

그런데도 우리가 이 모습 이대로 하나님에게 나아가면 주께서 우리를 불쌍히 여기사 회복시켜 주십니다. 처음 사랑의 회복은 단순히 잃어버린 옛것을 되찾은 상태를 의미하지 않습니다. 첫 번째 것이 단순, 무지에 기초한 순진함이었다면 두 번째는 복잡함과 혼돈을 통과하는 동안 투쟁을 통해 얻게 되는 전리품과 같아서 첫 것과는 비교할 수 없는 높은 가치와 견고함이 있는 순전함입니다. 그것은 혹독한 고난을 통과하기 전의 욥의 순전함과 고난을 통과한 후의 그것에 비유할 수 있을 것입니다.

이것은 하나님이 쓰시기에 합당한 그릇으로 새롭게 빚으시는 재창조의 과정입니다. 모난 성품이 부드럽고 곱게 다듬어져 겸손하고 온유하신 주님의 성품을 닮아갑니다. 사도 바울은 말합니다.

> 너는 이와같이 젊은 남자들을 신중하도록 권면하되 범사에 **네 자신이 선한 일의 본을 보이며** 교훈에 부패하지 아니함과 단정함과 책망할 것이 없는 바른말을 하게 하라 이는 대적하는 자로 하여금 부끄러워 우리를 악하다 할 것이 없게 하려 함이라(딛 2:6-8).

바울은 가르치는 것과 행하는 것이 다른 사람들은 교훈을 부패시키며 진리를 혼잡하게 하여 진리의 가치를 떨어뜨리는 자들이라고 말합니다. 왜냐하면, 대적이 우리의 단정하지 못한 언행으로 말미암아 복음의 진리가 흘러가지 못하도록 막아버리기 때문입니다.

아무리 값진 상품이라도 그것을 포장한 용기가 더럽혀 졌거나 찌그러졌으면 상품이 제 가치를 인정받을 수 없는 것과 같이, 강한 기름 부음으로 말씀을 잘 가르치고 영적인 은사가 탁월한 사람일지라도 성격이 모가 나거나 행실이 바르지 않으면 그로 인해 복음의 빛이 가려진다는 것입니다.

자기 의에 의해 발현된 오래된 습관들을 고친다는 것은 정말 쉽지 않습니다. 무엇이 내가 버려야 할 고집이고 선입견이고 고정 관념인지를 분별하는 것조차 우리 스스로의 노력으로는 불가능합니다.

그런데 주님을 의지하여 한 걸음씩 나아가면 성령께서 한가지씩 깨닫게 하시고 그것들을 버릴 수 있도록 도와주십니다. 내적인 성령의 충만함과 외적인 기름 부음의 능력이 서로 균형을 이룰 때 겸손하면서도 능력 있는 사역을 하게 될 것입니다.

종교의 영과 자기 의에서 해방된 이들은 이제 육적이며 혼적인 일에 마음을 빼앗기지 않고 하나님에게 영과 진리로 예배하는 온전한 예배자로 나아갑니다. 땅의 일에 연연하지 않습니다. 하늘에 속한 자로서 하늘의 영광을 추구하며 더 깊은 은혜의 바다로 나아갑니다. 하나님이 찾으시는 산 제물 된 예배자입니다.

7. 영적 예배자가 되라

예배란 무엇일까요?

이 질문에 대해 한마디로 대답하기는 쉽지 않습니다만 성경에 나오는 예배에 대한 구절들을 찾아 서로 연결해 보면 그에 대한 진정한 의미를 찾게 되리라 생각합니다.

"어디서 예배드리는 것이 옳은가요?"

이렇게 묻는 사마리아 여인에게 예수님이 이렇게 대답하십니다.

> 예수께서 이르시되 여자여 내 말을 믿으라 이 산에서도 말고 예루살렘에서도 말고 너희가 아버지께 예배할 때가 이르리라. 아버지께 참되게 예배하는 자들은 영과 진리로 예배할 때가 오나니 곧 이 때라 아버지께서는 자기에게 이렇게 예배하는 자들을 찾으시느니라. 하나님은 영이시니 예배하는 자가 영과 진리로 예배할지니라(요 4:21-24).

당시 유대인과 사마리아인들은 예배 장소를 가지고 서로 자기들이 옳다고 주장하고 있었습니다. 모세의 율법에 따라 그들에게 예배의 장소는 매우 중요했기 때문입니다 (신 12:1-14).

그런데 예수님은 이제 예배에 대해 그들의 생각과는 전혀 다른 차원으로 말씀하십니다. 패러다임의 전환이 필요하다는 것입니다. 어디서 예배하는 것은 중요하지 않으니, 하나님이 원하시는 예배자가 되라는 것입니다. 하나님은 어디서 예배하든 "영과 진리"로 예배하는 자들을 찾는다고 하십니다. 예배를 향한 하나님의 시선이 장소에서 예배자로 전환되었습니다.

무엇이 "영과 진리"로 드리는 예배일까요?

이것은 오늘 우리에게도 너무 중요한 주제입니다. 우선 예배가 예배 되려면 "영과 진리"라는 두 가지 조건이 모두 충족되어야 합니다.

첫째, 하나님은 영이시니 육으로는 하나님과 교통할 수 없습니다. 그러므로 예배자는 먼저 영으로 거듭나야 합니다.

> 육신을 따르는 자는 육신의 일을, 영을 따르는 자는 영의 일을 생각하나니 육신의 생각은 사망이요 영의 생각은 생명과 평안이니라. 육신의 생각은 하나님과 원수가 되나니 이는 하나님의 법에 굴복하지 아니할 뿐 아니라 할 수도 없음이라. 육신에 있는 자들은 하나님을 기쁘시게 할 수 없느니라(롬 8:5-8).

육신의 생각은 하나님과 원수가 되고, 끊임없이 영의 일을 훼방합니다. 육신적인 자아가 죽어야 영이 우리를 지배하여 믿음으로 반응하게 되는 것입니다. 예배는 영적인 활동입니다. 그러므로 거듭나지 않은 사람은 참된 예배자가 될 수 없습니다.

둘째, 진리 안에서 예배해야 합니다. 진리는 하나님의 말씀입니다. 진리에서 벗어난 영적 예배는 잡신 숭배가 되기 때문에 반드시 진리 안에서 예배해야 합니다.

진리의 말씀에 순종하지 않는 사람들의 영적 체험은 매우 위험한 것입니다. 자신이 귀신의 음성을 듣고 있으면서 그것을 주님의 음성이라고 착각할 것이기 때문입니다. 그러므로 말씀에 대한 지식이나 순종함은 없고, 영적 은사나 현상을 추구하는 사역자들을 우리는 경계할 필요가 있습니다. 그들이 맺는 열매로 분별할 수 있습니다.

사도 바울은 우리에게 영적 예배자가 되라고 권면합니다. 그가 말하는 영적 예배란 무슨 뜻일까요?

영적 예배란 공동체 예배 시간에 열정적으로 뜨겁게 찬양하고, 기도하며, 감동의 눈물과 콧물을 쏟아내는 것만이 아닙니다. 공동체 예배도 매우 중요합니다만 사도는 예배에 대하여 그 이상의 것을 말하고 있습니다.

> 그러므로 형제들아 내가 하나님의 모든 자비하심으로 너희를 권하노니 너희 몸을 하나님이 기뻐하시는 거룩한 산 제물로 드리라. 이는 너희가 드릴 영적 예배니라. 너희는 이 세대를 본받지 말고 오직 마음을 새롭게 함으로 변화를 받아 하나님의 선하시고 기뻐하시고 온전하신 뜻이 무엇인지 분별하도록 하라(롬 12:1-2).

영적인 예배란 "우리의 몸을 하나님에게 거룩한 산 제물로 드리는 것"이라고 합니다. 그리고 산 제물이란, "이 세대를 본받지 않고 하나님의 기뻐하시고 온전하신 뜻이 무엇인지 분별하고" 그 뜻을 따라 사는 삶이라고 말합니다. 그러므로 영적 예배란 '삶으로 드리는 제사'입니다.

하나님이 찾으시는 예배자의 모습은 어떤 것일까요?

성경에서 찾아보겠습니다.

노아를 볼까요?

온 세상이 부패하여 폭력과 방종이 세상 문화를 지배하고 있었을 때, 노아는 그 세대를 본받지 않고, 하나님을 경외하여 홀로 거룩하게 구별된 삶을 살았습니다.

당시 자연환경은 완벽하리만치 좋았고 홍수가 날 정도로 비가 많이 내린 적이 별로 없었을 것이기에, 노아가 사람들에게 홍수 심판을 말하며 배를 만들 때, 사람들은 그를 조롱했을 것입니다.

> 이렇게 날씨도 좋고 살기 좋은 세상인데, 무슨 홍수가 온다고 저렇게 힘들게 배를 만드는 것이야?
> 정신이 돌아버린 거 아니야?
> 자기가 무슨 대단한 사람이라고 하나님의 음성을 들었다고 저러는지 원 ….

그러나 노아는 사람들이 아무리 조롱해도 아랑곳하지 않고 하나님의 음성에 순종하여 열심히 방주를 만들었습니다. 그는 육신을 거스르고 하나님에게 영으로 반응하며, 이 세대를 본받지 않고 좁은 길로 걸었습니다. 매일 매일 자기를 산 제물로 하나님에게 드린 영적 예배자였습니다.

다윗은 어떻습니까?

그는 어린 나이인데도 믿음으로 하나님을 기쁘시게 한 예배자였습니다. 아버지의 심부름으로 전쟁터에 갔다가 블레셋 장수 골리앗이 이스라엘의 군대를 모욕하며 조롱하는 모습을 봅니다.

그러나 왕이나 이스라엘의 장수들은 거인 골리앗 앞에서 두려움에 떨고 있을 뿐, 그 누구도 그를 상대로 감히 나서지 못하고 있었습니다. 그것을 본 다윗의 내부에서는 이런 분노가 일어났습니다.

> 아니, 제아무리 골리앗이 크고 힘이 세다고 해도 그렇지, 저 할례받지도 않은 적장 앞에서 하나님의 군대가 두려워 떨고 있다니 ….

소년 다윗의 믿음으로는 그 비겁한 상황을 용납할 수가 없었습니다. 그는 자기가 양을 지키기 위해 사자와 곰을 상대로 싸울 때마다 하나님을 힘있게 의지하여 승리했던 일들을 기억합니다. 사람들이 볼 때 다윗과 골리앗의 싸움은 게임도 안되는 싸움입니다. 홀로 나섰다가 개죽음을 당할 것이 뻔한 자리입니다.

그러나 소년 다윗은 "만군의 여호와의 이름"으로 거침없이 나아갑니다. 그는 두려운 현실에 시선을 둔 것이 아니라, 진리에 근거하여 믿음의 눈으로 자기를 도우시는 크신 하나님을 보았습니다. 하나님 앞에서 골리앗은 아무것도 아니었던 것입니다. 다윗은 평소에 영과 진리로 예배하는 자였기에 그 위기의 순간에도 자연스럽게 믿음으로 골리앗을 대적할 수 있었던 것입니다.

영적인 예배자는 문제를 바라보는 시각이 세상 사람들과는 다릅니다. 현실을 육신의 눈으로 보지 않고 진리에 굳게 서서 모든 현상을 믿음의 눈으로 바라보고 믿음으로 반응합니다. 그 결과로써 언제나 하나님에게 영광 돌려드리는 삶을 삽니다.

예배에 실패한 사람의 경우도 예를 들어보겠습니다.

하나님은 사울에게 이스라엘의 원수 아말렉을 멸절시키라고 하셨습니다. 심지어 어린아이와 가축까지 생명 있는 것들을 다 죽이라고 하셨습니다. 아말렉 족속이 너무 악하여서 그들의 악이 이미 다른 생물들까지 부패하게 했기 때문입니다.

그런데 사울은 전쟁이 끝난 후, 아말렉 왕을 죽이지 않고 사로잡았습니다. 또 백성들의 비위를 맞추느라 하나님에게 희생을 드리겠다는 명목으로 건강하고 좋은 가축들은 살려두었습니다. 인간적인 시각으로 볼 때 사울의 태도는 매우 합리적입니다. 인본주의입니다.

그는 하나님의 말씀을 거역했습니다. 말씀은 진리입니다. 그는 매우 열정적으로 싸웠지만 진리로 하지 않았습니다. 백성의 말을 듣기 위해 하나님의 말씀(진리)은 버렸습니다. 사울은 인본주의자로 실패한 예배자입니다.

다윗도 한때 실패했었습니다.

그는 성령의 사람이었습니다. 왕이 된 후, 하나님의 은혜에 너무 감사하여 언약궤를 왕궁으로 모셔 오기를 원했습니다. 그런데 진리(율법)대로 법궤를 운반하지 않고 자기 생각대로 하다가 법궤를 운반하던 레위인 하나가 죽임을 당했습니다. 진리를 따라 하지 않았기 때문에 그 일로 하나님에게 영광 돌리지 못했습니다. 그 후로 다윗은 율법이 명하는 방식(진리)대로 하여 언약궤를 무사히 왕궁으로 모셔 왔습니다.

영적 예배의 시금석은 어떤 상황에서도 우리가 말씀대로 순종하느냐, 그렇지 않으냐에 달려있습니다. 주께서 고난 중에도 기뻐하라고 하시면 주의 선한 뜻을 믿고 고난 중에도 기뻐하는 것입니다. 건강을 잃었어도, 재산에 막대한 손해가 있어도, 믿음으로 감사하는 것입니다.

그러한 삶이 하나님을 기쁘시게 하는 예배자의 삶이며, 산 제물 된 자의 모습입니다. 제물은 어떤 경우에도 자기주장을 하지 못합니다. 말씀이 삶의 기준입니다. 하나님은 지금도 우리 가운데서 이처럼 영과 진리로 예배하는 이들을 찾으십니다.

참 어렵지요?

그렇지만 이것을 삶의 기준으로 삼고 나아가면 점점 쉬워질 것입니다.

저는 주님의 음성에 순종하여 25세의 나이에 신학대학에 들어갔습니다. 또 아직 졸업도 하기 전에 주께서 정해 주신 사람과 결혼했습니다. 예상치 않게 허니문 베이비를 갖게 되어, 마지막 일 년을 남겨두고 아이를 양육하기 위해 휴학해야 했습니다. 주께 순종하여 신학 공부를 시작했지만, 결혼도 했고 또 목회에 대한 소명은 받지 않았기 때문에, 아이를 양육하기 위해 복학을 포기할 생각을 하고 있었습니다.

당시 제가 속한 교단에서는 여자 목사 안수 제도가 없었고, 또 목사가 될 생각도 없었습니다. 그런데 새학기 개강하기 일주일 전, 새벽 기도 시간이었습니다.

"네가 아기 때문에 주님의 뜻에 불순종하면 장차 그 아이는 애물단지가 될 것이다."

이런 주님의 음성을 듣게 됩니다. 십 개월 동안 단 하루도 품에서 떼어보지 않은 아기였습니다. 당시 아브라함이 이삭을 바친 사건을 읽을 때면 매우 부담스러웠습니다. 결코, 아브라함처럼 내 아이를 하나님에게 드릴 수는 없을 것이라고 생각했습니다. 다른 것은 다 드릴 수 있겠는데, 이 아이만큼은 모른 척해 주시길 바라고 또 바랐습니다.

그러나 우상을 허락하지 않으시는 하나님이었습니다. 시어머니께서 거절해 주기를 바랐는데 어머니는 탁아를 기꺼이 맡아 주셨습니다. 다섯 시간이 걸려야 갈 수 있는 곳에 아기를 맡기고 돌아섰을 때, 엄마밖에 모르던 아기는 슬픈 표정만 지을 뿐 버스가 사라져 갈 때까지 울지도 않았고, 엄마도 그런 아기를 보면서 울지 못했습니다.

그 후, 아무것도 모르고 갑자기 엄마를 잃어버린 아기의 슬픈 마음을 생각하니 너무 가슴이 미어서서 매일 밤낮으로 눈물이 마를 새가 없었습니다. 복학했을 때 학우들의 눈길은 곱지 않았습니다. 잘 알고 지내던 어느 형제는 저에게 빈정대며 말했습니다.

"누나, 아기 엄마가 아기나 잘 돌보지 뭐 하러 학업을 계속해?"

"……………………."

'그 입 닥치라'고 말하고 싶었지만, 틀린 말은 아닌 것 같아서 잠잠히 있었습니다.

그 후부터 딸아이는 내 아이가 아니라 하나님의 것이라는 것을 철저히 인정하게 되었습니다. 애잔했던 감정이 점차 잦아들고, 아이에 대한 존중감으로 바뀌었습니다. 대학 입학을 위해 아이가 선교지에서 홀로 고국으로 돌아와야 했을 때는 같이 나올만한 상황이 되지 않아서 아이를 불러 물었습니다.

"딸아, 엄마가 너에게 더 도움이 될까?

예수님이 더 도움이 될까?"

"예수님이요."

아이가 담담하게 대답했습니다.

"그렇겠지?

예수님과 함께 가렴 … .

주님이 친히 너의 길을 인도하실거야!"

엄마의 마음을 알고 믿음으로 대답해 주는 딸이 정말 고마웠습니다. 친구 선교사가 먼 길을 혼자 떠나는 딸아이를 보고 안스러워하며 이렇게 농담으로 저에게 핀잔을 주었습니다.

"너 엄마가 맞니?"

그 친구는 제가 이미 예방접종을 제대로 받았다는 것을 알지 못했기 때문에 그렇게 말했을 것입니다. 딸아이가 다섯 해 동안을 선교지에서 공부했기 때문에 대학 입학 서류를 준비하려면 어려움이 있을 것이라는 생각을 하기는 했지만, 아이는 하나님의 은혜로 원하던 대학에 입학했습니다.

그리고 저희 부부가 선교지에서 돌아온 후 일 년 뒤, 딸 부부는 갓 돌이 지난 어린 손주를 데리고 주님의 부르심을 따라 미국으로 떠나게 되었습니다. 그때는 일 년 동안 품에서 기른 어린 손주를 또 가슴에서 떠나보내야 했습니다.

당시 미국에 살던 한인들은 오히려 코로나로 인해 고국으로 돌아오고 있던 시즌이었기에 주위 사람들이 걱정하며 만류했지만, 딸과 사위는 갓 돌 지난 아기를 안고 씩씩하게 떠났습니다. 짐작하겠지만 딸아이는 언제나 주님의 인도하심에 순종하니 어떤 어려움 중에도 일들이 형통하는 것을 봅니다. 감사할 따름입니다.

우리가 하나님의 뜻을 따라 살려고 할 때, 세상 윤리나 상식으로는 하나님의 행하심을 도무지 이해할 수 없을 때가 종종 있습니다. 일반적으로는 도저히 이해할 수도, 받아들일 수도 없는 일이기에, 그 일로 인해 영적인 예배자들은 주위로부터 비난과 조롱을 받기도 합니다.

그럴지라도 진정으로 주의 뜻을 따라 살기를 원하는 자들, 영적으로 깨어있는 자들은 모르드개와 에스더, 또 다니엘과 그의 세 친구처럼 세상 권력이나 사람에게 아첨하지 않고 담대하게 진리를 따라 반응할 것입니다.

세상이 점점 험악해지고 있는 이 어둠의 때 아버지께서는 등불을 들고 자기와 뜻을 같이할 예배자들을 찾고 계실 것입니다. 저와 여러분이 자비로우신 하늘 아버지의 눈에 발견되기를 간절히 소망합니다.

8. 준비하고 깨어 있으라

우리는 깨어 있어야 합니다. 그래야 갑작스레 환란이나 핍박이 와도 두려움 없이 진리로 반응할 수 있을 뿐 아니라, 주께서 자기 신부를 데리러 오실 때, 왕의 신부로 간택 받을 수 있을 것입니다.

> 보라 내가 도둑같이 오리니 누구든지 깨어 자기 옷을 지켜 벌거벗고 다니지 아니하며 자기의 부끄러움을 보이지 아니하는 자는 복이 있도다(계 16:15).

세상이 어떻게 돌아가는지도 모르고 쿨쿨 자고 있을 때, 갑자기 하늘에서 큰 나팔 소리가 들리고 주님이 오신다면 어떤 일들이 벌어질까요?

잠자던 사람들은 나팔 소리에 놀라 잠에서 깼는데, 머리는 헝클어지고 옷은 벗은 채로 있어서 신랑 앞에 설 수 없을 것입니다. 그러나 깨어서 그날을 준비하며 기다리고 있었던 자들은 일어나 기뻐하며, 머리를 들고 주를 맞이할 것입니다.

잠자고 있다는 것은 영적 감각이 무디어진 상태를 말합니다. 말세의 징조들이 여기저기서 나타나고 있지만, 세상에 취해 있어서 그러한 현상들을 영적인 눈으로 보거나 느끼지 못하는 상태입니다. 이런 이들은 경고의 나팔을 부는 자들을 오히려 조롱합니다(벧후 3:3-5).

"지금이 무슨 말세야?
옛날부터 그렇게 말하는 사람들이 항상 어느 때이고 있었지만 태초 이래 주님은 오시지 않았어!
이 풍요롭고 좋은 시절에 왜 그렇게 쓸데없이 부정적인 말을 하냐?"

또 다른 이들은 세상의 염려와 근심 가운데 빠져서 허우적거리느라, 주님 오시는 소리를 듣지 못합니다. 반대로 어떤 극단적인 사람들은 세상에 빠져 살다가 갑자기 재림에 관한 소식을 듣고 우왕좌왕하며 어찌할 바를 모릅니다. 그 때와 시에 너무 매여 무엇을 해야 할지 모르고 허둥대다가 정작 자신은 준비되지 못한 자가 됩니다.

그런데 깨어 있는 자들은 세상에 일어나는 징조들을 보고, 들으며, 때가 가까이 오고 있음을 인식합니다. 시대를 분별할 줄 압니다. 우리 세대만이 아니라 성경의 모든 세대에서 대부분 주의 백성은 잠들어 있었습니다.

이사야 선지자는 그에 대해 이렇게 말합니다.

> 너희는 놀라고 놀라라 너희는 맹인이 되고 맹인이 되라 그들의 취함이 포도주로 말미암음이 아니며 그들의 비틀거림이 독주로 말미암음이 아니니라 대저 여호와께서 깊이 잠들게 하는 영을 너희에게 부어 주사 너희의 눈을 감기셨음이니 그가 선지자들과 너희의 지도자인 선견자들을 덮으셨음이라(사 29:9-10).

이사야 시대에 이스라엘 백성에게 왜 이런 일들이 일어났을까요?

그들이 가나안에 정착하여 살게 되었을 때, 삶이 풍족하여지고 세상이 주는 안락함에 빠져버리니, 하나님이 귀찮아졌습니다. 입으로는 하나님을 가까이하며 입술로는 공경했지만, 그들의 마음은 하나님에게서 멀어졌습니다.

마음이 교만하여져서 그들을 꾸짖는 참 선지자들의 외침을 듣지 않았고 위로와 평강을 말하는 거짓 목자들의 음성에만 귀를 기울였습니다.

그러자 하나님이 그들 중 지혜로운 자들에게서 지혜를 제거해 버리시고 명철한 자의 총명을 가려 버렸습니다. 그러니 성경을 읽어도 알아듣지 못하고 보아도 보지 못하고, 듣고도 깨닫지 못하는 자가 되어 버린 것입니다.

지도자들이 이처럼 영적으로 깊은 잠에 빠져 버렸으니 백성들은 어찌 되었겠습니까?

예수님도 이사야의 예언을 인용하시며 그 시대 백성들을 향하여 책망하셨습니다.

> 주께서 이르시되 이 백성이 입으로는 나를 가까이 하며 입술로는 나를 공경하나 그들의 마음은 내게서 멀리 떠났나니 그들이 나를 경외함은 사람의 계명으로 가르침을 받았을 뿐이라(마 15:8-9).

오늘 우리가 사는 이 시대는 어떨까요?

이 시대를 분별하는 것이 신부 준비의 첫 단추일 것입니다. 마태복음 24장과 누가복음 21장에서는 말세에 나타날 환란과 예수님의 재림의 징조에 관한 말씀을 기록하고 있습니다.

징조로써 전염병, 전쟁, 기근, 지진 등 무서운 일들과 해가 어두워지고 별들이 떨어지는 등 하늘로부터의 징조들이 있을 것이며, 또 믿는 자들에게는 미혹과 박해가 있지만, 그런 중에도 세계적인 복음의 부흥이 있을 것이라고 말씀합니다.

예수님이 공중 재림하기 전에 반드시 일어나야 할 일 중의 하나가 사람에 의해 변질된 복음이 아닌 참 복음, 천국 복음이 온 세상에 전파되는 일입니다. 이러한 부흥이 박해 가운데 있을 것이라고 합니다.

> 이 천국 복음이 모든 민족에게 증언되기 위하여 온 세상에 전파되리니 그제야 끝이 오리라(마 24:14).

성경이 말하고 있는 이러한 말세의 징조들에 비추어 볼 때, 지금 우리는 어디쯤 있을까요?

온 세계는 몇 년 전부터 전례 없는 무서운 전염병으로 고통하고 있습니다. 얼마 전부터 전염병의 기세가 조금 꺾이는 듯하자 전쟁이 발발했고, 건강한 윤리적 도덕적 가치는 무너져 이전에는 감히 자신이 동성애자라고 드러내어 말하지 못했는데, 몇 년 전부터는 갑자기 동성혼을 합법화하는 나라들이 대대적으로 일어나고 있습니다.

또 경제 전문가들은 포스트 코로나를 향해 경제 대란을 예고하며 기근을 경고하고 있습니다.

교회 안에는 배교와 큰 미혹들이 있습니다. 성경에서는 이때를 재난의 시작이지 아직 끝은 아니라고 말합니다(마 24:6-7). 주님의 공중 재림은 환란과 핍박 중에서도 복음의 부흥이 세계적으로 있은 후에 있을 것이라고 하십니다(마 24:14). 지금은 하나님이 세상에 취해 잠자고 있는 교회를 깨우고, 영혼의 대 추수를 가져오기 위하여 세상을 뒤흔드시는 때입니다.

이처럼 세상이 흔들리는 것을 볼 때 우리는 주를 맞이할 수 있도록 정신을 차리고 예복을 준비해야 할 것입니다. 준비되지 않은 자들은 결코 들림을 받을 수 없기 때문입니다. 깨어있다는 것은 어디서든지 무슨 일에든지 항상 믿음으로 반응하는 것을 의미합니다. 하나님의 말씀을 지식으로는 잘 알고 그것을 가르치기도 하지만 말씀대로 행하지 않는 자는 그의 영이 잠자고 있는 것입니다.

그리스도의 신부에게는 두 가지 옷이 필요합니다. 하나는 속에 입는 구원의 옷이요, 다른 하나는 그 위에 입는 의의 세마포 옷입니다(사 61:10). 구원의 옷은 전적으로 주님이 입혀 주시는 것이지만, 세마포 옷은 특별히 주님의 신부들에게 입히는 겉옷으로써, 구원받은 자의 '옳은 행실'을 나타내는 옷입니다.

구원받은 자들은 마땅히 하나님의 말씀대로 살고자 힘쓰며, 부르심을 따라 사는 이들입니다. 그러한 삶의 여정에서 성령으로 말미암아 맺은 의의 열매로 각자의 삶에 따라 독특한 세마포 옷이 지어지는 것입니다.

> 우리가 즐거워하고 크게 기뻐하며 그에게 영광을 돌리세 어린 양의 혼인 기약이 이르렀고 그의 아내가 자신을 준비하였으므로 그에게 빛나고 깨끗한 세마포 옷을 입도록 허락하셨으니 이 세마포 옷은 성도들의 옳은 행실이로다(계 19:7-8).

그리스도의 신부들은 구원의 옷 위에 이처럼 깨끗한 세마포 옷을 덧입고 혼인예식에 참여할 것입니다. 그리스도께서는 지상으로 오시기 전, 깨끗하게 자신을 단장하고 신랑을 기다리고 있는 신부들을 데리러 먼저 공중으로 오십니다.

그리고 나머지 아직 준비되지 못한 사람들은 이 땅에 남겨져서 환란을 통해 정결케 된 후에 신부로 받아들여지는 것입니다. 시련과 박해와 환란은 우리를 정결하게 하기 위해 하나님이 허락하신 또 다른 은혜입니다. 그러므로 아무리 큰 시험이나 환란이나 핍박이 와도 자신을 정결하고 깨끗하게 준비한 자들은 아무것도 두려워할 필요가 없는 것입니다.

이번 코로나 사태에서 주의 몸 된 교회는 잠든 상태로 발견되었습니다. 잠들어 있었기 때문에 갑작스러운 상황에 대해 믿음으로 반응하지 못했고, 사탄의 계략에 무방비 상태로 노출되었던 것입니다.

우리는 하나님을 향하여는 비둘기처럼 순결하되, 대적에 대해서는 뱀처럼 지혜롭고 슬기로워야 합니다. 착하기만 하고 미련한 신부는 영적 전투에 적합하지 않습니다. 그 미련함 때문에 나중에 책망받습니다.

특히, 주의 종들은 더욱 깨어서 자기의 양들을 지키며, 양들에게 때에 적합한 양식을 나누어 주고, 어떤 위기가 와도 양들이 하나님 앞에서 바르게 반응할 수 있도록 준비시켜야 할 것입니다.

> 이러므로 너희도 준비하고 있으라 생각하지 않은 때 인자가 오리라. 충성되고 지혜 있는 종이 되어 주인에게 그 집 사람들을 맡아 때를 따라 양식을 나눠 줄 자가 누구냐. 주인이 올 때 그 종이 이렇게 하는 것을 보면 그 종이 복이 있으리로다(마 24:44-46).

저는 지금 이처럼 말세를 살아가고 있는 주의 백성들에게 때에 적합한 복음을 전하도록 부름을 받은 주의 종 중 하나입니다. 이 복음은 거룩한 그루터기, 그리스도의 신부를 위한 것입니다.

이 글을 읽을 때 대다수 주의 백성은 저를 비웃을 것이며, 어떤 이들은 이를 갈며 돌을 던질 것입니다. 그러나 주의 신부들은 듣고 잠에서 깨어날 것입니다. 이 책은 바로 그들을 위한 것입니다.

에필로그

　일반적으로 우리가 혼란스러워하는 어떤 교리적인 문제들도 성경 말씀을 자세히 살펴보면 그 안에 해답이 있습니다. 그런데 우리가 어느 부분에 있어 진리를 바르게 이해하지 못하는 이유는 스스로 말씀을 깊이 묵상하고 연구해 보기 전에, 이미 어떤 권위 있는 사람에게서 들은 비진리가 선입견으로 우리 안에 들어와 있기 때문입니다.

　그 선입견이 우리의 눈과 귀를 덮어 버려서 제대로 듣지 못하게 하는 것입니다. 교회의 교리들은 대적의 침입으로부터 교회를 보호하는 성벽과 같습니다.

　그런데 그 성벽의 기초가 아주 오랫동안 부실한 상태에 있었습니다. 16세기 "오직 성경으로", "오직 믿음으로"라는 기치 아래 대대적으로 일어났던 종교 개혁은 그 시대에는 매우 유효한 것이 사실이었으나 온전하지는 못했습니다.

종교 개혁은 한 시대의 전유물이 아니라 시대마다 계속되어야 했지만, 거의 오늘날까지도 우리 개혁 교회는 16세기 수준을 되풀이하는 정도에 머물렀습니다. 왜냐하면, 지도자들이 하나님의 말씀보다도 사람의 계명, 즉 신학자들의 교리에 더 충성했기 때문입니다.

이사야 선지자의 말씀처럼, 진리의 토대가 교회 안에서 황폐된 채 무너져 있는데도 오랜 세월 동안 파괴된 기초를 바로 잡지 않았습니다(사 58:12; 61:4).

이 역대의 파괴된 기초는 바로 '믿음과 구원에 대한 교리'(구원론)입니다.

신앙생활의 토대가 되는 진리가 훼파되었으니 그 부실한 기초위에 아무리 훌륭한 성벽을 세운들 얼마나 유지되겠습니까?

개인이나 교회 안에 이러한 진리가 무너져 있었기 때문에 그동안 아무리 큰 성령 운동이 일어나도 그 부흥이 오래 지속될 수 없었던 것입니다.

『하늘 사다리』가 우리의 신앙생활에서 가장 중요하면서도 토대가 되는 구원론을 바로잡기 위해 쓰인 책이라면 『더 깊은 은혜의 바다로』는 무너진 싱벽을 바로 삽기 위해 기록된 것이라 볼 수 있습니다.

거짓 선지자나 거짓 목자들은 교회의 성벽을 허무는 여우들입니다. 부실한 기초의 틈새를 이용해 성벽을 허물고 교회를 황폐하게 만드는 자들입니다. 율법주의, 세속주의, 인본주의에 깊이 물들어 진리를 떠난 지도자들입니다.

이들은 무너진 틈새를 이용해 진정한 회개가 없는 거짓된 평화와 번영의 메시지를 선포하였고, 온전한 진리에 토대를 두지 못한 교회는 그들에게 속아서 빠르게 세속화되어 온 것입니다.

마지막 때를 살아가고 있는 우리는 하나님의 백성 이스라엘의 실패를 교훈 삼아 같은 실수를 반복하는 어리석음을 범하지 말아야 할 것입니다. 이스라엘의 남 왕국 유다가 멸망하기 백여 년 전부터 하나님은 이사야와 여러 선지자를 통해 하나님의 백성과 그 지도자들의 죄를 책망하며 회개하고 돌이킬 것을 촉구했습니다.

그러나 그들은 북 왕국이 우상 숭배의 죄로 멸망하는 것을 보고서도 돌이키기는커녕 오히려 북 왕국의 바알과 아세라를 받아들였습니다. 이때 고관들과 백성들은 회개를 외치는 참 선지자의 메시지는 외면하고 평화와 번영을 예언하는 거짓 선지자들의 말을 받아들였습니다.

그 결과 남 왕국에도 진리가 무너지고 백성들의 영적 상태는 황폐해졌습니다. 하나님은 회개하지 않는 자기 백성에게 진노하셨고, 그들을 돌이키기 위해 외국의 침략을 허락하셨습니다.

영적 황폐함대로 물리적 영역에서도 예루살렘의 성벽이 무너졌으며 성전은 불타 없어지고 하나님의 백성들은 멀리 바벨론 제국으로 포로가 되어 잡혀갔습니다. 포로된 후, 먼 이방 땅에서 성전을 잃고 신앙의 자유를 잃어버린 후에야 그들은 자기들의 죄를 뼈저리게 깨닫고 회개하게 됩니다.

오늘날 우리 한국 교회는 과거 북한의 악한 지도자가 공산 체제를 구축하기 위해 이데올로기로 백성을 속일 때, 거짓 목자들이 그를 도와 어떻게 성도들을 선동했는지, 또 그 참혹한 결과가 무엇인지 잘 알고 있습니다. 그런데도 지금까지도 수많은 교회와 성도가 여전히 북한 체제를 도우려는 거짓 목자들의 선동에 미혹되고 있습니다.

한 나라가 망하는 것은 그 안에 있는 하나님의 백성이 부패하여 그 나라를 지탱할 의인들이 없기 때문입니다. 오늘날 우리 나라뿐 아니라 대부분의 나라가 내부적으로 이념 전쟁과 독재자의 폭정으로 고통을 당하고 있습니다.

그래도 교회가 회개하지 않으니 우리를 깨우기 위하여 하나님이 코로나 팬데믹을 허락하신 것 같습니다.

저는 시골에서 자라나 투박하고 정제되지 않은 거침없는 성격 때문에 스스로 참 힘들었습니다. 그럴 때마다 언젠가는 그리스도의 성품으로 변화되리란 소망을 가지고 살아왔지만, 아직도 때때로 오래된 습관과 싸우며 몸부림칩니다.

저는 이 책을 기록할만한 지혜도 학문적인 배경도 매우 열악합니다. 게다가 만일 다른 목사님들처럼 목회나 선교사역에 전념하고 있는 상태였다면, 솔직히 저도 사회문제에 대해 이처럼 깊이 생각하지는 못했을 것입니다.

하나님의 나라를 위한 충정과 몸 된 교회를 사랑하는 마음에서 제 안에 부어지는 대로 기록했지만, 표현에 있어 미진한 부분이 다소 있을 것입니다.

거기에 대하여 독자 여러분의 양해를 구합니다. 그러나 모든 부족함에도 이 책을 통해 하나님이 영광 받으시기를 소망합니다.